(1741-1803) Alberto Fortis

Die Sitten der Morlacken

aus dem Italiänischen übersetzt.

(1741-1803) Alberto Fortis

Die Sitten der Morlacken
aus dem Italiänischen übersetzt.

ISBN/EAN: 9783337525620

Hergestellt in Europa, USA, Kanada, Australien, Japan

Cover: Foto ©Suzi / pixelio.de

Weitere Bücher finden Sie auf **www.hansebooks.com**

Die Sitten

der

Morlacken

aus

dem Italiänischen

überſetzt.

Mit Kupfer.

Bern,
bey der typographiſchen Geſellſchaft.

1775.

Vorbericht.

Folgende Beschreibung von den Sitten der Morlacken ist aus einem neueren italiänischen Werk genommen, das eine Reisebeschreibung von Dalmatien enthält, und einen Abbé Albert Fortis zum Verfasser hat. Das ganze Buch ist durchgehends sehr gut geschrieben, und mit einer Menge neuer und vortreflicher Beobachtungen angefüllt. So wichtig der Ueberrest hauptsächlich für den Naturforscher seyn mag, so hat man doch diesen Theil derselben, aus Ursachen die der Leser bey und ohne Zusammenhal=

* 2

Vorbericht.

tung des ganzen Werkes finden wird, für besonders interessant und für würdig gehalten, sich abzusondern, und ein Ganzes für sich auszumachen. Weil wir am Ende weder zum Steinreich noch auch zum Pflanzenreich gehören, so liegt uns natürlicher Weise weniger daran, hievon als von Unsersgleichen etwas sonderliches zu hören; besonders wenn diese Unsersgleichen der angebohrnen Güte unsrer Natur so sehr das Wort zu reden scheinen, als die Morlacken.

Von den Sitten

der

Morlacken.

Die Morlacken werden von den meisten als wilde, unmenschliche, dumme und aller Laster fähige Völker angesehen. Die Innwohner der Gränzstädte von Dalmatien, erzählen eine Menge grausamer Handlungen von ihnen, eine Reihe der unmenschlichsten Gewaltthätigkeiten, Mordthaten und Verheerungen, wozu ihre Raubbegierde sie verleitet haben soll. Allein diese Handlungen schreiben sich entweder von undenklichen Zeiten her, oder wenn auch einige davon neuerlich geschehen sind, so müssen sie der Verdorbenheit einiger einzelnen, und nicht der ganzen Nation zugeschrieben werden. Es dürfte vielleicht nur allzuwahr seyn, daß die Morlacken in den lezten Kriegen mit den Türken, eine Fertigkeit ungestraft zu morden und zu rauben an sich genommen, und seither einige traurige Beweise

davon gegeben hätten; wo ſind aber die Kriegs-
völker, die ſich nach ihrer Wiederkunft aus den
Schlachten, worinn ſie zu Grauſamkeiten gegen
ihre Feinde berechtiget waren, von einander getrennt, und die Wälder und Heerſtraſſen nicht
mit Räubern und Mördern bevölkert haben? Ich
glaube, der Nation, worinn ich ſo wohl aufgenommen und ſo menſchlich behandelt worden bin,
eine umſtändliche Apologie ſchuldig zu ſeyn, oder
(welches eben ſo viel ſagen will) die Sitten und
Gebräuche, die ich bey ihr bemerkt habe, öffentlich bekannt zu machen.

I.

Urſprung der Morlacken.

Der Urſprung der Morlacken, die ſich durch
die anmuthigen Thäler von Kotar, längſt den
Flüſſen Kerka, Cettina, Narenta, und zwiſchen
den Gebirgen des mittelländiſchen * Dalmatiens
verbreiten, iſt in die Nacht jener barbariſchen
Jahrhunderte eingehüllt; ſo wie bey der groſſen
Anzahl der übrigen Nationen, die in Anſehung
der Sitten und Sprache ſo viel Aehnlichkeit mit

* Das von den Morlacken bewohnte Land erſtreckt ſich
noch weiter, ſo wohl gegen Griechenland, als
gegen Deutſchland und Ungarn; allein hier iſt die
Rede nur von demjenigen Strich deſſelben, den
der Verfaſſer ſelbſt durchreist hat.

den erstern haben, daß sie alle für eine Nation,
die sich vom Venetianischen Golfo bis an das
Eis-Meer erstreckt, gehalten werden können. Die
Wanderungen verschiedener slavischer-Völker, die
unter dem Nahmen der Scythen, Geten, Go-
then, Hunnen, Slavinen, Croaten, Avaren und
Vandalen, die römischen Provinzen und besonders Illyrien, zu den Zeiten als das Reich in
Verfall zu kommen anfieng, überschwemmt haben,
mußten erstaunende Verwirrungen in den Genea-
logien der innwohnenden Nationen verursachen,
die in ältern Jahrhunderten vielleicht eben so Besitz von diesen Ländern genommen hatten. Die
Ueberreste der Arbiejer, Autariater, und andrer
illyrischer Völker, die Dalmatien in vorigen Zeiten
bewohnten, und das römische Joch sehr unleid-
lich gefunden haben mußten, werden mit Freuden
die Verbindung mit auswärtigen Feinden ergriffen
haben, deren Sprache und Lebensart nur wenig
von den ihrigen verschieden war. * Vielleicht

A 2

* Man kan nicht in Zweifel setzen, daß die slavoni-
sche Sprache schon zu den Zeiten der römischen
Republick in Illyrien existirt habe. Die Nahmen
der Städte, Flüsse, Berge, Personen und Völker
aus diesen Gegenden, die sich bey den griechischen
und lateinischen Schriftstellern erhalten haben, sind
ohne Wiederrede slavonischen Ursprungs. Pro-
mona, Alvona, Senia, Jadera, Rataneum, Stlupi,

dörfte die Vermuthung nicht ungegründet seyn,
daß von der letzten Ueberschwemmung der Tarta=
ren, die zu Anfang des dreyzehenden Jahrhunderts
Bela den vierten verjagten, der sich hierauf in die
Inseln von Dalmatien flüchtete, viele Familien in
den wüsten Thälern zwischen den Gebürgen zurück
geblieben seyen, und die Keime zu jenen Haufen
von Calmucken gelegt haben, denen man nun da=
selbst überall besonders in der Nachbarschaft von
Zara zu begegnen pflegt.

Die Meinung des Erdbeschreibers Magini,
der die Morlacken und Uskocken von Epirus her=
stammen läßt, scheint von sehr leichtem Gewicht
zu seyn. Der Dialect dieser Völker hat mehr
Aehnlichkeit mit dem Rascischen und Bulgarischen,
als mit den Albanesischen; und wären auch die
Morlacken im Venetianischen Dalmatien in neuern
Zeiten zum Theil aus diesen Gegenden her ge=

Uscana, Bilazora, Zagora, Tristolus, Ciabrus,
Ochra, Carpatius, Pleuratus, Agron, Teuca,
Dardani, Triballi, Grabæi, Pirustæ, und noch viel
andere Wörter, die bey den alten Geschichtschrei=
bern und Geographen vorkommen, beweisen dies
zur Genüge. Man könnte noch eine weit größere
Anzahl von ursprünglich slavonischen Wörtern hin=
zu setzen, die man auf Steinen antrift, die in Il=
lyrien unter den ersten Kaysern geschnitten worden
sind.

kommen, so würde immer noch die Frage übrig bleiben, woher sie dorthin verpflanzt worden seyen, Er giebt uns auch die Haiducken für eine besondere Nation, die, wie nur allein die Bedeutung des Wortes anzeigt, niemals ein Volk ausgemacht haben. *

II.

Etimologie dieses Nahmens.

Die Morlacken nennen sich in ihrer Sprache gemeiniglich Ulassen. Ein National-Nahme, von dem, so viel ich erfahren konnte, in den Dokumenten vor dem dreyzehenden Jahrhundert keine Spur mehr angetroffen wird. Er bedeutet angesehen und mächtig. Der Nahme Mohr-Ulassen oder Morlacken, der aus dem erstern entstanden, und womit sie von den Innwohnern der Städte benennt werden, könnte uns vielleicht auf ihren Ursprung zurück führen, und glauben machen, daß sie von den Ufern des schwarzen Meers hergekommen, und zuletzt bey ihren Streifereyen von diesen entfernten Ländern Besitz genommen haben. Ich

A 3

* Haiduck, bedeutet ursprünglich das Haupt einer Parthey, und zuweilen, (wie in Siebenbürgen) das Haupt einer Familie. In Dalmatien wird ein Verbrecher, ein Bandit und gedungener Straffenmörder darunter verstanden.

bin auf die Vermuthung gerathen, für die ich
übrigens nicht Bürge seyn wollte, ob nicht schon
anfangs die Benennung der Mohr=Ulaſſen ſo viel
angezeigt habe, als die Mächtigen oder Eroberer,
die vom Meer gekommen, welches in allen Dia=
lecten der ſlaviſchen Sprache durch Mope bezeich=
net wird. Die Etimologie von dem Nahmen
Morlacken, die den berühmten Geſchichtſchreiber
von Dalmatien Giovanici Lucio zum Erfinder
hat, und von ſeinem Ausſchreiber Freſchot blind=
lings angenommen worden iſt, verdient auf keine
Art in Betracht gezogen zu werden. Nach ſeiner
Meinung bedeuten Mohr=Ulaſſen oder Mohr=Ulacken
ſo viel als ſchwarze Römer oder Lateiner, ob=
gleich in der guten illyriſchen Sprache das Wort
Mohr etwas anders ausdrückt als ſchwarz, und die
Morlacken vielleicht noch weiſſer als die Italiäner
ſind. Weil er fand, daß die National=Wörter
Ulaſſen oder Ulacken und Wallachen einerley
Stammwort, Ulæh gemein haben, wodurch Ge=
walt, Anſehen und Hoheit ausgedruckt wird, ſo
machte er, um zum wenigſten dem zweyten Theil
ſeiner Etimologie einige Farbe zu geben, den
Schluß daraus, die Innwohner der Wallachey
und unſere Ulaſſen ſeyen in allem und durchgängig
einerley Volk. „ Nun reden die Wallachen eine
„ Sprache, die ſehr viel Aehnlichkeit mit der latei=
„ niſchen hat, und wenn ſie um das Warum ge=

„ fragt werden, so erwiedern sie, weil sie ursprüng-
„ lich Römer seyen; es müssen daher die Ulassen,
„ deren Sprache eben nicht so sehr lateinisch klingt,
„ auch Römer seyn. Diese Ulassen, die also von
„ lateinischen Colonien herstammen, wurden her-
„ nach von den Slaven bezwungen; daher der
„ Nahme Ulæh, und sein Pluralis Ulassi, bey den
„ Slaven so schimpflich und knechtisch geworten,
„ daß er unter ihnen selbst den Leuten der niedrig-
„ sten Gattung beygelegt wurde. „ Auf diese Hirn-
gespinste, die von sich selbst zerfallen würden, kann
man noch zum Ueberfluß antworten, daß die venetianischen Morlacken sich aus· eben dem Grunde
Ulassen oder Mächtige und Angesehene nennen,
aus welchem das ganze Volk sich von den Slaven, das ist von den Ruhmvollen hernenne;
daß das Wort Ulæh mit dem Lateinischen nichts
zu thun habe, und daß es, wenn es auch das
Stammwort von dem Nahmen Wallachen seyn
sollte, dieses nur darum sey, weil zur Schande
der von Trajan daselst angepflantzten Colonien die
ganze dacische Bevölkerung, wie jedermann weiß,
aus Slaven bestund, so wie die in spätern Zeiten
noch hinzugekommenen Völker, daß wenn die
Slaven als Eroberer, den von ihnen überwundnen
Völkern, einen Nahmen hätten geben, oder zurück
lassen ‘sollen, sie ihnen gewiß nicht einen gegeben
oder zurück gelassen hätten, der Ansehen und Macht

anzeigt, wie ſie dies Wort, weil es rein und ächt
Slavoniſch iſt, nothwendig verſtehen muſten; daß
alſo Lucio von ſchlimmer Laune geweſen, da er
die Morlacken ſogar in der Etimologie ihres Nahmens zu erniedrigen verſucht habe. Man kan nicht
läugnen, daß ſich viele urſprünglich lateiniſche
Wörter in der Sprache der auf dem Land woh-
nenden Illyrier finden, z. B. Salbun, Plavo,
Slap, Vino, Capa, Roſſa, Teplo, Zlip, Sparta,
Skringa, Lug, die ſo viel als Sand, blond,
Waſſerfall, Wein, Mütze, Thau, lau, blind,
Korb, Kiſte, Hain bedeuten, und offenbar von
den lateiniſchen Wörtern, Sabulum, flavus,
lapſus, vinum, caput, ros, tepidus, lippus, ſporta,
ſcrinium, lucus, herkommen. Aber aus dieſen
und ſehr vielen andern, wovon leicht ein langes
Verzeichnis zu machen wäre, läßt ſich, wie ich
glaube, noch nicht mit Gewißheit ſchlieſſen, daß die
Morlacken unſrer Zeiten in gerader Linie von den
nach Dalmatien verpflanzten Römern herſtammen.
Die Schriftſteller von dem Urſprung der Völker
haben nur zu ſehr den Fehler unter ſich gemein,
daß ſie aus kleinen und einzelnen Daten, die gemeiniglich nur von zufälligen und unweſentlichen
Umſtänden abhangen, allgemeine Folgen ziehen
wollen. Ohne Zweifel könnte die Unterſuchung
der Sprachen zu dem Urſprung der Völker, die ſie
ſprachen, zurückführen; aber nur wenige ſind

ſcharfſichtig genug, die Stammwörter von den
Zweigwörtern zu unterſcheiden, ohne ſich gegen ihre
Mutterſprache zu verſündigen. Die illyriſche
Sprache, die ſich von dem adriatiſchen Meer bis
an den Ocean ausbreitet, hat eine Menge Stamm=
wörter, die eine Aehnlichkeit mit griechiſchen
haben, ſogar finden ſich einige unter den Zahlwör=
tern, denen man die Einheimſchaft nicht abſpre=
chen kan. Viele ſlavoniſche Wörter ſind vollkom=
men griechiſch, wie z. E. Spugga, Trapeza,
Catrida, die ohne einige merkliche Veränderung
von den griechiſchen Wörtern, Spongos, Trapeza,
Kathedra, herkommen. Und dennoch wollte ich
wegen der Menge dieſer Grácismen und der Ana=
logie des Alphabets die Behauptung nicht wagen,
daß der erſtaunende Umfang der ſlavoniſchen Na=
tion von den Griechen, die in einen engen Strich
Landes eingeſchränkt waren, ausgefüllt, oder viel=
mehr, daß Griechenland in den älteſten Zeiten von
den Slaven überfallen und bevölkert worden ſey.
Die Mühe dies zu unterſuchen, würde unſäglich
und ohne Zweifel eben ſo fruchtlos ſeyn. Ein ge=
lehrter Engelländer * hat nicht ganz ohne Grund
von der Aehnlichkeit der engliſchen und illyriſchen
Sprache geſchrieben. Die Wörter, Stina, Meſo,
Med, Biskup, Brate, Seſtra, Sin, Sunze, Smull,
Mlika, Snigh, Voda, Greb, kommen viel mit den

---

* Brerevood, de ſcrut. Relig.

Wörtern überein, womit man im Englischen,
Stein, Fleisch, Honig, Bischof, Bruder, Schwester, Sonne, Glas, Milch, Schnee, Waſſer,
Grab, benennt. Es wäre noch zu unterſuchen,
ob dieſe Wörter, welche in der deutſchen Sprache,
die mit den Sachſen nach Engelland übergegangen,
angetroffen werden, ſich eben ſo in einem Dialect
der alten nordiſchen Celten wiederfinden. In jedem Fall aber würde ich immer noch ſchüchtern
bleiben einen Ausſpruch zu thun; wenigſtens ſo
lang ich nicht an dem ganzen Körper einer Sprache, augenſcheinliche Aehnlichkeit mit einem andern
gefunden hätte. Die Vermiſchung ſo mancher
fremden Wörter mit der italiäniſchen Sprache
könnte vielleicht zum Beweis dienen, daß ein Volk
ſehr leicht etliche Wörter mit andern Nationen
gemein haben könne, ohne deßwegen ſeinen Urſprung ihnen danken zu müſſen. Ich will von den
Arabismen, Grácismen, Germanismen und Gal-
licismen, der italiäniſchen Sprache, die Mura-
tori ſchon geſammelt, nichts ſagen; wie viel trift
man nicht auch Slavonismen in derſelben an?
Abbajare kömmt von Oblajati; ſvagliare von
ſvlaßiti; barare von variti und varati; tarta-
gliare von tartati; ammazare von maß, Schwerdt
und ſeinem Derivatum Maſſati; ricco von ſri-
chian, beglückt; tazza von Saſſa; coppa von
Kuppa; danza von tanza; biſato von birati;

bravo von pravo; Briga iſt. ein ächtes illyriſches
Wort, das mit dem Italiäniſchen einerley Bedeu=
tung hat. Maſchera, ſtravizzo, ſtrale, sbignare,
und eine unzählige Menge Wörter aus dem ve=
netianiſchen Dialect, z. E. baza, bazariotto, bù-
dela, bore, musína, polegàha, vera, zòccolo,
paltàn, ſmalza, ſind von Illyrien nach Venedig
herüber gekommen, ohne daß hieraus, die Venetia=
ner ſeyen illyriſchen Urſprungs, bewieſen werden
könnte.

III.

**Verſchiedenheit des Urſprungs der Mor=
lacken, derer die an den Ufern, und derer
die auf den Inſeln wohnen.**

Der geringe Grad von Freundſchaft, welche die
Innwohner der Seeſtädte, wahre Abkömmlinge
der römiſchen Colonien, für die Morlacken haben,
und die profonde Verachtung, die dieſe ihnen und
den benachbarten Inſulanern dafür zurück gaben,
ſind vielleicht Merkmaale eines alten Grolls zwi=
ſchen beyden Völkern. Der Morlacke bückt ſich
vor dem Gerichtsherrn der Städte, und vor dem
Advokaten deſſen er nöthig hat; aber er liebt kei=
nen von beyden. Uebrigens rechnet er den Reſt
der Nation, mit dem er nichts zu verkehren
hat, in die Claſſe der **Bodoli**; welcher Nahme

Bodolo * von ihm als eine Art von Schimpf=
wort gebraucht wird. Jch erinnere mich bey die=
ser Gelegenheit jenes morlackischen Soldaten, der
in dem Spital zu Padua, worinn er starb, unter
andern auch durch folgende Anekdote sein Ange=
denken erhalten hat. Ein Geistlicher, der ihm
noch in den letzten Augenblicken seines Lebens zu=
sprechen sollte, und die Bedeutung des ersterwähn=
ten Nahmens nicht wuste, fieng seine Anrede an:
„ Muth, Signor Bodolo! Bruder, unterbrach
„ ihn der Sterbende, nennt mich nicht Bodolo,
„ oder ich muß mich dem Teufel ergeben.

Die augenscheinliche Verschiedenheit in Kleidung,
Dialect, Sitten und Denkungsart scheint ein deut=
licher Beweis zu seyn, daß in Dalmatien diejenigen,
die sich in den Gegenden am Meer niedergelassen
haben, von anderm Ursprung seyn müssen, als
die, welche jenseits der Gebirge wohnen; oder,
daß sie sich von' einerley Ursprung, aber zu ver=
schiedenen Zeiten und unter Umständen, die dem
National Character eine andere Gestalt zu geben
vermögend sind, herleiten. So sind auch die ver=
schiedenen Bevölkerungen der Morlachen unter sich

* Mit diesem Nahmen werden besonders diejenigen
belegt, die am Canal von Zara, und auf den be=
nachbarten grösseren Jnseln wohnen. ---- Vielleicht
ist Bodolo so viel als Hund, und einerley Wort
mit Pudel.

verschieden, nachdem sie von verschiedenen Gegen=
den hergekommen, oder bey verschiedenen Revo=
lutionen ihres Vaterlandes, bey auswärtigen Ein=
fällen, oder andern Kriegen sich mehr oder weniger
mit fremden Nationen vermischt haben. Die
Innwohner von Kotar sind fast alle blond, blau=
augicht, von weitem Mund und platter Nase; eben
dies bemerkt man fast durchgängig bey den Mor=
lacken, die in den Ebenen von Scign und Knin
wohnen. Die in den Gegenden von Duare und
Vergoraz haben castanienbraune Haare, länglichte
Gesichter, sind olivenfarbig und von schönem Ge=
wächs. Beyde Verschiedenheiten sind noch unter
sich durch andere Schattierungen unterschieden.
Die Morlacken von Kotar sind größtentheils von
angenehmen, gelehrigen und höflichen; die von
Vergoraz von unbiegsamen, übermüthigen, kühnen
und unabhängigen Manieren. Ihre Situation
zwischen unfruchtbaren und unzugänglichen Gebir=
gen, in denen Mangel und Gesetzlosigkeit gebohren
zu seyn scheinen, hat ihnen eine anhaltende Raub=
begierde gleichsam natürlich gemacht. Vielleicht
auch fühlen sie noch das Blut der alten Varaler,
der Ardiejer und Autariater, die von den Rö=
mern * in diese Gebürge gejagt wurden, in ihren
Adern fliessen.

* Am Fluß Naro wohnen die Ardejer, Daortsier und
Pleoejer. . . . Vor einigen Jahrhunderten wurden

Gemeiniglich geschehen die Raubereyen der Ver-
gorzaner auf Unkosten der Türken; doch im Fall
der Noth sollen auch, wie man sagt, die Christen
nicht verschont bleiben. Unter verschiedenen witzi-
gen und verwegenen Taschenspieler-Streichen, die
ich von einem unter ihnen habe erzählen hören,
hat mir folgender characteristisch geschienen. Der
Betrüger kam auf den Markt. Ein armer Mann,
der in der Nähe war, hatte einen Kessel, den er
erst gekauft, mit seinem Bündel neben sich auf die
Erde gesetzt, und war im Gespräch mit einem
seiner Bekannten begriffen. Indessen hob der Ver-
gorzaner den Kessel von der Erde und setzte ihn
auf den Kopf ohne seine Stellung zu verändern.
Als der andere sein Gespräch geendigt hatte, so
sieht er auf die Erde, vermißt seinen Kessel, und
fragt eben den, der ihn auf dem Kopf hatte, „ ob
„ er nicht jemanden gesehen, der ihm seinen Kessel
„ weggetragen? „ Brüderchen, giebt ihm dieser
mit kaltem Blut zur Antwort, „ ich hatte nicht
„ Acht darauf; aber hättest du ihn auch, wie ich,

die Ardejer Varaler genannt. Die Römer jagten
sie aus den Gegenden am Meer, weil man überall
Mord, Raub und Feuer von ihnen zu fürchten
hatte. So wurden sie gezwungen, das Land zu
bauen, das rauh, unfruchtbar und würdig ist, wilde Bewohner zu nähren. Daher auch diese Nation
nach und nach darinn ausstirbt. Strabo, VII.
Buch.

„ auf den Kopf gesetzt, so hätte er dir nicht kön=
„ nen gestohlen werden. „ Ungeachtet dieser
schlimmen Streiche, die nicht selten unter den Ver=
gorzanern seyn sollen, kann ein Fremder ohne Ge=
fahr durch ihr Land reisen, und versichert seyn,
überall wohl begleitet und gastfrey aufgenommen
zu werden.

IV.
Von den Haiducken.

Die gröste Gefahr, die in diesem Land zu be=
sorgen wäre, kömmt von der Menge der Hai=
ducken, die sich hier in den Höhlen und Gebüschen
der felsichten und abhängigen Gebirge aufhalten.
Allein, man kan hierüber ausser Furcht seyn.
Das Mittel in gebirgichten Gegenden mit Sicher=
heit reisen zu können, besteht gerade darinn, eine
Begleitung von einigen dieser ehrlichen Leute, die
keiner Verrätherey fähig sind, mit sich zu nehmen.
Man muß sich nicht abschrecken lassen, ob man
schon weiß, daß sie Banditen sind: wenn man auf
den Grund ihrer traurigen Situation sehen will,
so wird man Zufälle finden, die eher Mitleiden
als Mißtrauen erwecken müssen. Wehe den Inn=
wohnern der Seestädte von Dalmatien, wenn die
nur zu sehr gehäufte Anzahl der Haiducken von
schwärzerm Caracter wäre, als sie nicht ist. Sie
müssen wie die Wölfe leben, zwischen hangenden

und unzugangbaren Abgründen herum schweifen,
von einem Felsen auf den andern klettern, in der
Ferne ihre Nachstellungen abzulauren; herum ge=
trieben von immerwährendem Argwohn, dem Un=
gestüm aller Jahrszeiten ausgesetzt, oft der noth=
wendigsten Lebensmittel beraubt, immer genöthigt
ihr Leben für ihren Unterhalt zu wagen, und
in den Finsternissen der ödesten Berghölen zu
schmachten. Es wäre kein Wunder, wenn man
von diesen verwilderten Leuten, die von dem im=
mer gegenwärtigen Gefühl ihres elenden Zustandes
gepeinigt werden, unaufhörliche Handlungen von
Unmenschlichkeit erfahren müste; im Gegentheil ist
es erstaunend, daß sie, anstatt das geringste gegen
die zu unternehmen, welche sie für die Urheber
ihres Unglücks ansehen, die Ruhe ihrer Wohnun=
gen gleichsam heilig halten, und immer die sicher=
ste Begleitung für die Reisenden sind. Ihre Räu=
bereyen haben das Vieh zu ihrem Gegenstand; sie
schleppen sie in ihre Höhlen, das Fleisch zu ihrer
Nahrung, und das Fell zu ihren Schuhen, zu
gebrauchen. Es scheint eine barbarische Grausam=
keit zu seyn, zu diesem Endzweck, den Ochsen eines
armen Landmannes zu rauben; allein, vielleicht
könnte sie dadurch entschuldiget werden, daß die
Opanchen oder Schuhe eine Sache von der ersten
Nothwendigkeit für diese Unglücklichen sind, seitdem
sie sich verdammt sehen, ein unstätes und flüchtiges
Leben

Leben zu führen, und immer die rauheſten Gegenden zu durchſtreifen, die weder von Gras noch
Erde, ſondern überall von ſchneidenden Felſen-
ſpitzen bedeckt ſind, und mit jedem Tag von der
Luft noch rauher und unwegſamer gemacht werden.
Manchmal geſchieht es auch, daß der Hunger
einige von ihnen in die Schäferhütten treibt, wo
ſie mit Ungeſtüm zu eſſen begehren, und mit Gewalt nehmen, wenn es ihnen verſagt wird. In
ſolchen Fällen iſt das Unrecht immer auf der Seite
deſſen, der ſich ihrem Begehren widerſetzt. Der
Muth dieſer Leute iſt vollkommen ihrem Bedürfniß, und dem verwilderten Leben gleich, das ſie
führen. Vier Haiducken ſcheuen ſich nicht eine
Caravane von funfzehn und zwanzig Türken anzu-
greifen; und gemeiniglich werden die letztern ge-
plündert und in die Flucht gejagt.

Wenn die Panduren einen Haiducken gefangen
bekommen, ſo binden ſie ihn nicht nach unſrer
Gewohnheit; ſondern löſen das Band an ſeinen
Beinkleidern auf, und laſſen ſie bis auf die Ferſen
herunter fallen, auf welche Art der Gefangne nicht
entfliehen kan, oder wenn er es verſuchen will,
zur Erde fallen muß. Es gereicht der Menſchlich-
keit zur Ehre, daß man ein Mittel ausfindig gemacht, ſich eines Menſchen zu verſichern, ohne
ihn wie eine Beſtie zu binden. Die Haiducken

B

halten ſich gröſtentheils für treſiche und verdienſt-
volle Leute, wenn ſie türkiſches Blut vergoſſen
haben. Ein übel verſtandner Religionsgeiſt verei-
nigt ſich mit ihrer natürlichen und angebohrnen
Wildheit, und treibt ſie, ohne Rückſicht auf weitere Folgen, ihre Nachbarn zu beunruhigen. Ihre
Geiſtliche, die meiſtens von Vorurtheilen und Na-
tional-Ungeſtüm angefüllt ſind, unterlaſſen nicht
den Haß der Uebrigen gegen die Türken im Feuer
zu erhalten, und es, ſo gut ſie können, noch immer
in gröſſere Flamme zu blaſen.

V.

Moraliſche und häusliche Tugenden der Morlacken.

Der Morlacke, der entfernt von den Ufern des
Meers und in Oertern, die keine Beſatzung haben,
wohnt, iſt überhaupt zu reden, als moraliſcher
Menſch, merklich von uns verſchieden. Das Zutrauen, die Aufrichtigkeit und Ehrlichkeit dieſer guten Leute, ſowohl im täglichen Leben als bey ihren
Verträgen, arten oft in übermäßige Gutheit aus,
und bekommen ein Anſehen von Einfalt. Hiervon
pflegen die Italiäner, die in Dalmatien Handlung
treiben, und ſelbſt ihre Landsleute die an den Ufern
wohnen, nur allzuoft Mißbrauch zu machen; ſo
daß das angebohrne Zutrauen der Morlacken ſchon

um sehr viel abgenommen hat, und täglich mehr
gezwungen wird, dem Argwohn und Mistrauen
seinen Platz einzuräumen. Ihre wiederhohlte Er-
fahrungen mit den Italiänern, haben den Betrug
der letztern zum Sprüchwort unter ihnen gemacht.
Ihr gröster Schimpf ist wechselsweise Paſſia-viro,
und Lanzmanzvaviro, Hunde Treue und Italiäner
Treue. Man sollte glauben, daß diese schlimme
Meynung von den Italiänern für den unbekannten
Reisenden gefährlich seyn müßte; allein sie beschä-
men unsere Gesinnungen. Der Morlacke, gastfrey
und großmüthig von Natur, öfnet jedem Reisenden
seine arme Hütte; aus einer Art von Instinct ihn
wohl zu bedienen giebt er ihm was er hat, begehrt niemals, und verweigert öfters hartnäcfig
die mindeste Erkenntlichkeit. Mehr als einmal
habe ich der Morlachey auf diese Art den Tisch
mit Leuten getheilt, die mich niemals in ihrem
Leben gesehen hatten, und wahrscheinlicher Weise
eben so wenig hoffen konnten, mich jemals wieder
zu sehen.

Ich werde, so lang ich athme, die Aufnahme
und gütige Behandlung nicht vergeſſen können, die
der Woywode Perkan zu Coccorich mich erfahren
ließ. Mein ganzes Verdienst war, der Freund
einer Familie von seinen Freunden zu seyn. Er
schickte mir Reitpferde und Begleitung entgegen,

und überhäufte mich', so lang mein Aufenthalt bey
ihm dauerte, mit allem, was diese liebenswürdige
National=Gastfreyheit ausgesuchtes haben konnte.
Er ließ mich von seinen Leuten und seinem eignen
Sohn in die Gegenden von Narenta, die eine
gute Tagreise entfernt sind, begleiten, und mit
einem solchen Ueberfluß von Lebensmitteln versehen,
daß ich keine Gelegenheit fand nur einen Pfenning
auszugeben. Als ich das gastfreye Haus dieses
vortreflichen Mannes verlassen hatte, so sah ich
ihn und seine ganze Familie mich mit den Augen
begleiten, bis der Weg mich aus ihrem Gesichte
führte. Dieser herzliche Abschied erregte im inner=
sten meiner Seele eine Bewegung, die ich vorher
noch nie empfunden hatte, und deren Wiederem=
pfindung ich mir von keiner Reise durch Italien
versprechen wollte. Ich nahm das Bildnis dieses
edeln Mannes mit mir, hauptsächlich um mir das
Vergnügen zu geben, ihn trotz Meer und Gebirge,
die uns trennen, immer wieder und wieder sehen
zu können. Zugleich kann man den Luxus der
Nation in den Kleidungen ihrer Häupter daraus
abnehmen. (s. Kupferpl.) Er erlaubte mir noch,
die Zeichnung von einer seiner Enkelinnen zu neh=
men, die nicht weniger viel anders gekleidet sind,
als die Morlackinnen von Kotar und den übrigen
Gegenden, die ich durchreist habe.

Man braucht die Morlacken nur mit einiger
Freundlichkeit zu behandeln, um alle mögliche
Höflichkeits-Bezeugungen von ihnen zu erhalten,
und sie zu herzlichen Freunden zu machen. Man
wird die Gastfreyheit unter ihnen eben so wohl bey
dem Armen als bey dem Reichen finden. Wenn
dieser ein Lamm oder einen Hammelbraten auf=
tischt, so bringt jener ein indianisches Huhn, Milch
und frisches Honig. Diese Freygebigkeit hat nicht
allein der Fremde zu erwarten; sie erstreckt sich auf
alle, die derselben nöthig haben können.

Wenn ein reisender Morlacke in die Wohnung
seines Wirths oder Verwandten, bey ihm zu her=
bergen kömmt, so wird er bey dem Absteigen vom
Pferd, oder bey dem Eintritt in die Herberge,
von der ältesten Tochter des Hauses, oder wenn
eine junge Braut darinnen seyn sollte, von ihr mit
einem Kuß empfangen. Ein auswärtiger Reisen=
der bekömmt nicht so leicht diesen weiblichen Will=
kommen zu geniessen; im Gegentheil pflegen bey
seiner Ankunft die jungen Mädchen sich zu verber=
gen, oder in der Ferne zu halten. Vielleicht, daß
sie durch Beyspiele von Verletzung der Gesetze, der
Gastfreyheit schüchtern gemacht worden, oder von
der Eifersucht der benachbarten Türken einiger=
massen angesteckt worden sind.

So lang in den Häusern der Wohlhabenden eines Dorfs, deren Anzahl nach und nach sehr klein geworden ist, noch Lebensmittel vorhanden sind, so können die armen Nachbarn auf ihren nothwendigen Unterhalt zählen. Daher sieht man auch keinen Morlacken, der sich so weit erniedrigte und von einem Fremden, der die Morlachey durchreist, Allmosen begehrte. Auf allen Reisen, die ich durch dieses Land gemacht, ist mir nie ein Pfenning abgefodert worden. Ich im Gegentheil kam öfters in den Fall, die armen, aber doch mit ihrem kleinen Eigenthum freygebigen Hirten um etwas zu begehren; und noch öfters, wenn ich ihre Felder in der schwülen Sommerhitze durchreißte, begegneten mir arme Schnitter, die freywillig, mit einer Gutherzigkeit die mein innerstes bewegte, mir ihre Wasserschläuche und ihren ländlichen Vorrath, anzubieten kamen.

Die häusliche Oekonomie wird von den Morlacken gemeiniglich sehr vernachläßiget. Sie gleichen in diesem Umstand den Hottentoten, und verschwenden, so bald sich irgend eine festliche Gelegenheit zeigt, in einer Woche, womit sie viele Monathe hätten feyern können. Eine Hochzeit, ein Festtag des Familien-Patrons, die Ankunft eines Verwandten oder Freundes, oder sonst ein kleiner Anlaß kan machen, daß das ganze Haus sich ohne Mäßigung der Freude, dem Essen und Trinken überläßt. Hingegen ist der Morlacke bey dem Gebrauch der Dinge, die ihn vor dem Ungestüm der Jahrszeiten schützen sollen, sogar auf Unkosten seiner Bequemlichkeit haushälterisch. Wird er zum Beyspiel in einer neuen Mütze vom Regen überfallen, so zieht er sie ab, und will den Regen lieber auf seinen blossen Kopf fallen, als ihn seine neue Mütze verderben lassen. Eben so zieht er, wenn er auf eine Pfütze stößt, die Schuhe aus, so lange sie noch einigermassen gut sind.

Die Genauigkeit der Morlacken ist im höchsten Grade pünctlich, wenn ihr nicht unwiderstehliche Hindernisse in den Weg kommen. Wenn es sich zuträgt, daß einer unter ihnen Geld gelehnt, und es zu bestimmter Zeit nicht zurückgeben kann, so kömmt er mit einem kleinen Geschenk zu seinem Creditor, noch längere Frist zu verlangen. Auf diese Art kan es leicht geschehen, daß er, ohne darüber nachzudenken, von Termin zu Termin, und von Present zu Present, das doppelte von dem bezahlt, was er schuldig wäre.

VI.

Freundschaften und Feindschaften.

Die Freundschaft, die bey uns durch die kleinste Kleinigkeit zerstört werden kann, ist bey den Morlacken desto beständiger. Sie haben gleichsam einen Punct der Religion daraus gemacht; dieses heilige Band wird von ihnen am Fuß der Altäre geknüpft. In Gegenwart des ganzen Volks wird alsdann auf die feyerlichste Weise, ein besonderer Segen über beyde Freunde oder Freundinnen ausgespro= chen. Ich war bey der Verbindung zweyer Mäd= chen gegenwärtig, die sich in der Kirche von Per= rusich zu Poseltre (Freundinnen) einweyhten. Man sah, nachdem sie das heilige Bündniß geschlossen hatten, die Freude aus ihren Augen glänzen: ein Beweis, welcher Delicatesse von Empfindungen auch Menschen, die wir ungebildet zu nennen pfle= gen, fähig seyen; oder ein Problem, ob nicht viel= leicht die sogenannte Bildung der Gesellschaft, eher ihr Verderbnis genennt werden müßte. Die Freunde die auf diese Art verbunden werden, nen= nen sich Probatimi, die Freundinnen Poseltrime, welches so viel ist, als Halbbrüder und Halb= schwestern. Die Freundschaft zwischen Manns= und Weibs=Personen wird heutiges Tages nicht mit so grosser Feyerlichkeit geschlossen; allein man hat Ursache zu glauben, daß ältere und un=

schuldigere Zeiten eben diese Gewohnheit gehabt haben. *

Von diesen geweyhten Freundschafs=Bündnissen und Halbbrüderschaften der Morlacken und der übrigen Nationen ihres Ursprungs scheinen die ge= schwornen Brüder (fratelli giurati) herzukommen, die man unter dem Gesindel in= und an einigen Orten ausser Italien antrift. Der Unterschied zwi= schen ihnen und den morlackischen Probatimi be= steht nicht allein darinn, daß bey jenen kein Ce= remoniel gewöhnlich ist, sondern hauptsächlich, daß in den slavonischen Gegenden, alle Arten von Menschen sich zu gegenseitigem Vortheil, hingegen bey jenen, sich fast die Verworfensten und Mäch= tigsten, zur Beunruhigung und Beschädigung an= derer, zu vereinigen pflegen.

Die Pflichten der morlackischen Freundschaft er= fodern, einander in jeder Bedürfniß oder Gefahr

---

* Dozivgliega Viila *Pofeſtrima*
S'Velebïte viſſoue planine:
Zloga ſüo, Kragliu Rodoslave;
Eto na te dvanajeſt delija.
                              Piſm. od Rodosl.

Ihn rief die Fee Pofeſtrima
Vom hohen Gipfel der bebischen Alpen;
Fürst Rodoslaus, sitz'st im Unglück;
Sieh da zwölf Reuter über dir!

beyzustehen, das seinem Freund geschehene Unrecht
zu rächen, u. s. w.   Sie treiben den Enthusias-
mus ihrer Freundschaft bis zur willigen Entschlos-
senheit, ihr Leben für einander zu wagen oder hin-
zugeben.   Die Opfer dieser Art geschehen nicht
selten, ob schon aus diesen verwilderten Freunden
nicht so viel Wesen, als aus den alten Pyladen
gemacht wird.   Wenn es sich ereignen sollte, daß
unter den Probatimi Uneinigkeit entstünde, so würde die ganze Gegend davon als von einer scandalo-
sen Neuigkeit sprechen.   Auch fängt dies in unsern
Zeiten manchmal zu geschehen an; zu grosser Betrübnis der alten Morlacken, welche die Verderbnis ihrer Nachkommen der Vermischung mit den
Italiänern Schuld geben.   Der Wein und andre
starke Getränke, wovon die Nation nach dem Beyspiel der Italiäner Misbrauch zu machen anfängt,
unterläßt eben so wenig wie überall, zu Uneinigkeit
und traurigen Zufällen Anlaß zu geben.

Wie die Freundschaft der noch unverdorbenen
Morlacken fest und heilig ist, so ist auch ihre Feind-
schaft anhaltend, meistens unauslöschlich.   Sie
wird von dem Vater auf den Sohn fortgepflanzt;
und die Mütter vergessen nicht, ihren noch zarten
Söhnen unaufhörlich die Pflicht einzuprägen,
ihren Vater zu rächen, wenn er von jemanden
umgebracht worden ist; sie zeigen ihnen täglich

das blutige Kleid oder die Waffen des getödteten.
Die Rachbegierde hat sich so sehr gleichsam mit
dem Blut oder mit der Natur der Morlacken ver=
mischt, daß alle Mißionarien der Welt sie auszu=
rotten nicht vermögend wären. Der Morlacke ist
von Natur dienstfertig und gutherzig; die kleinste
Gefälligkeit kann ihn zu der größten Dankbarkeit
verbinden; aber wehe dem, der ihn zu beleidigen
oder zu beschimpfen wagt! Rache und Gerechtig=
keit machen bey diesem Volk gleichsam einerley
Begriff aus, der auch in der That der ursprüng=
lich wahre Begriff ist. Sie haben ein Sprüchwort
unter sich, dessen Ansehen sie nur allzusehr gültig
machen: Kò ne se ofsveti, onse ne posveti: „Wer
„ sich nicht rächt, ist nicht gerecht, „ oder,
wird nicht geheilig. Es ist merkwürdig, daß in
der illyrischen Sprache Osveta Rache und Heili=
gung zugleich bedeutet; und eben so das davon ab=
geleitete Wort Osvetiti. Eine alte Familien=Feind=
schaft und persöhnliche Rache lauert nach vielen
Jahren noch, Blut zu vergiessen; und in Albanien
sollen, wie mir gesagt worden ist, die Wirkungen
davon noch entsetzlicher, und die einmal erbitterten
Gemüther noch unversöhnlicher seyn. In diesen
Gegenden ist ein Mensch von der sanftesten Ge=
müthsart der unmenschlichsten Rache fähig; er hält
ihre Ausübung für seine Pflicht, und zieht diese thö=
richte Einbildung von falscher Ehre der Verachtung

der heiligsten Gesetze und allen den Strafen vor, denen er mit gutem Vorbedacht selbst entgegen geht.

Gemeiniglich sieht sich der Mörder eines Morlacken, der mächtige Verwandschaft zurück ließ, in der Nothwendigkeit, von einem Land zum andern zu fliehen, und durch eine Reihe mehrerer Jahre sich zu verbergen. Wenn er während dieser Zeit verschlagen oder glücklich genug gewesen ist, den Nachstellungen seiner Verfolger zu entgehen, und zugleich einen Vorrath von Geld zu sammeln, so sucht er endlich Vergebung zu erhalten und Frieden zu schliessen. Um die Bedingungen auszumachen, begehrt und erhält er sicher Geleit, worauf er sich ohne Bedenken verlassen kann. Und nun ist er zuerst um einige Mittler bemüht, die auf einen bestimmten Tag beyde feindliche Verwandschaften zusammen bringen. Hierauf wird der Schuldige, nach einigen Präliminarien, in den Ort der Zusammenkunft geführt; kriechend auf allen vieren, und die Büchse, Pistole oder das Messer, womit er den Mord begangen, auf seinen Hals gebunden. Während er sich in dieser demüthigen Stellung befindet, wird dem Ermordeten von einem oder mehreren seiner Verwandten eine Lobrede gehalten, die manchmal die Gemüther aufs neue zur Rache entflammt, und dem vierfüßigen Delinquenten einer jähen Gefahr aussetzt. Es ist bey dieser Gelegen=

heit gewöhnlich, daß die Verwandten von dem be-
leibigten Theil, dem Schuldigen Schießgewehr
oder anders, drohend an die Kehle halten, und
nach langem Widerstand endlich doch einwilligen,
den Preis des vergossenen Bluts sich mit Geld bezahlen zu lassen. Bey den Albanesern kommen
diese Friedensschlüsse gemeiniglich theuer zu stehen;
die Morlacken lassen sich manchmal mit wenig Aufwand vergleichen; beyde aber pflegen immer mit
einem weiblichen Schmaus, auf Unkosten des
Schuldigen zu schliessen.

VII.

Talente und Künste.

Die Lebhaftigkeit des Verstandes und ein gewiß-
fer natürlicher Unternehmungs-Geist machen, daß
den Morlacken alles was sie anfangen, gelingen
muß. Sie thun im Krieg, wenn sie gut geführt
werden, vortrefliche Dienste, und sind zu Ausgang
des vorigen Jahrhunderts von dem tapfern Gene-
ral Delfino, welcher der Pforte einen beträchtlichen
Strich Landes abgenommen, auf verschiedene Art,
besonders als Grenadiere mit grossem Erfolg gebraucht worden. Sie wissen die Handlungs-Ge-
schäfte mit erstaunender Geschicklichkeit zu führen,
und können noch in erwachsenem Alter mit Leich-
tigkeit lesen, schreiben und rechnen lernen. Man

sagt, die morlackischen Hirten haben zu Anfang
dieses Jahrhunderts, sich viel mit einem grossen,
theologischen, moralischen und historischen Buch
beschäftigt, das von einem gewissen P. Diwkovich
zusammen-geschrieben, und zu Venedig mehrmal
mit ihren cirillianisch-bosnischen Charactern, die
einigermassen von den Rußischen verschieden sind,
gedruckt worden ist. Wenn es zuweilen geschah,
daß der Pfarrer, der nicht so gelehrt als fromm
war, eine biblische Geschichte, die er vor dem Altar
erzählte, verstümmelte, oder einige Umstände davon
nach seiner Art veränderte; so erhob sich eine Stimme unter den Zuhörern, die ihm zurief: „ Nie
„ tacko, Es ist nicht so!„ Diesen Scandal zu
vermeiden, sollen alle Exemplarien dieses Buchs
sorgfältig aufgesucht und weggenommen worden
seyn, so daß itzt in der Morlachey sich nur noch
wenige davon finden. Die Fertigkeit des Geistes
dieser Nation, zeigt sich oft in geschwinden und
beissenden Antworten. Nach dem letzten Krieg der
Republick Venedig mit den Türken, war ein Mor-
jacke von Skign bey der Auswechslung der Gefang-
nen gegenwärtig. Man gab mehrere ottomannische
Soldaten, um einen venetianischen Offizier aus-
zulösen. Einer der türkischen Deputirten sagte
spöttisch, ihn dünke die Venetianer kaufen nicht
gut ein. „ Wisse, gab ihm der Morlacke zur
„ Antwort, daß mein Fürst immer von Herzen

„ gern etliche Esel für ein gutes Pferdt aus=
„ tauscht. „

Ohngeachtet der besten Anlage alles mögliche zu
lernen, sind die Morlacken in dem Ackerbau und
Glas machen noch sehr weit zurück. Die Hart=
näckigkeit, womit diese Nation an alten Gebräu=
chen hangen bleibt, und die wenige Sorgfalt die
man indessen gehabt, ihnen den Nutzen neuer Me=
thoden bis zur Evidenz zu zeigen, müssen noth=
wendiger Weise diese Folgen nach sich ziehen. Sie
lassen ihr Vieh sehr oft Hunger und Kälte leiden.
Die Pflüge, deren sie sich bedienen, und die übri=
gen zum Landbau gehörigen Werkzeuge scheinen
von der ersten Erfindung zu seyn, und sind so sehr
von den unsrigen verschieden, als die Moden der
Zeiten des Triptolemus sich von den unsrigen un=
terscheiden dürften. Sie machen Butter, Käse
und Rahmkäse, womit man zur Noth zufrieden
seyn könnte, wenn sie bey der Zubereitung davon
nur einigermassen reinlicher wären.

Das Schneider Handwerk ist noch immer unter
ihnen auf die alten und unveränderlichen Kleider=
schnitte und auf den nehmlichen Stoff eingeschränkt.
Ein Stück Tuch, das länger oder kürzer als ge=
wöhnlich, ist hinlänglich den morlackischen Schnei=
der in Verwirrung zu setzen.

Sie haben einigen Begriff von der ſimpeln Fär=
berey; und ihre Farben ſind nicht zu verachten.
Sie machen die ſchwarze Farbe aus der Rinde des
Eſchbaums, den ſie Jaſſen nennen. Dieſe Rinde
wird mit Eiſenſchlacken, welche ſie bey den Am=
boſen der Schmiede zuſammen ſuchen, acht Tage
lang abgekocht; hierauf laſſen ſie das Waſſer kalt
werden, und dann färben ſie damit. Eben ſo be=
kommen ſie eine ſchöne blaue Farbe, wenn ſie Fär=
berweide, die am Schatten getrocknet worden, in
reine Lauge werfen, beydes einige Stunden unter=
einander kochen, hernach kalt werden laſſen, und
alsdann damit färben. Sie machen auch von
dem Scodano, den ſie Ruj benennen, eine gelbe
und braune Farbe; die erſte zuweilen auch von dem
Evonimo, der bey ihnen unter dem Nahmen Puz-
zàlina bekannt iſt.

Die morlackiſchen Weibsperſonen wiſſen faſt alle
zu ſtricken und an dem Rahmen zu arbeiten. Ihre
Rahmen ſind von einer beſondern Art, und auf
der rechten und umgekehrten Seite vollkommen
einerley. Sie haben eine gewiſſe Strickarbeit, wel=
che die Italiänerinnen ihnen nicht nachmachen
können; ſie gebrauchen ſie hauptſächlich zu einer
Art von Cothurn, der den Rahmen Nazuvka hat,
und den ſie in den Papuzzen und Opanken zu tra=
gen pflegen. Man ſieht ſehr viel Rahmen von
Raſch

Rasch und grober Leinwand; doch arbeiten die
Weibspersonen wenig daran, weil ihre Geschäfte
unter den Morlacken sich nicht mit Sitzarbeiten
vertragen.

Zu Verlicka, in einer Stadt der Morlachey,
wird das Töpferhandwerk getrieben; das Geschirr,
welches daselbst ohne die geringste Feinheit gear=
beitet, und in Oefen, die in der Erde ausgehöhlt
sind, gebrannt wird, ist von weit längerer Dauer,
als das unsrige.

VIII.
Aberglaube.

Die Morlacken, sowohl die von der römischen.
als die von der griechischen Kirche, haben die selt=
samsten Begriffe in Absicht auf die Religion; und
durch die Unwissenheit derer die sie darinn unter=
richten sollten, werden sie noch immer in dunklere
Labyrinthe verwickelt. Sie glauben an Hexen,
Poltergeister, Zauberer, Gespenster und Weissager
so fest und hartnäckig, als ob sie alles dies in der
Natur tausendmal gesehen hätten. Auch halten sie
die Existenz der Wampirn für unwidersprechlich,
und sind, wie die Siebenbürger, versichert, daß sie
den Kindern das Blut aussaugen. Sobald jemand
stirbt von dem sie fürchten, er könnte ein Wampir,

ober wie sie sagen Vukodlak, werden, so pflegen sie
ihm die Kniekehlen zu durchschneiden, und ihn
überall mit Stecknadeln zu stechen, welche beyde
Operationen, behaupten sie, ihn wiederzukommen
verhindern sollen. Es geschieht manchmal, daß
ein Morlacke vor seinem Tod seine Erben bittet
und verbindlich macht, ihn vor seiner Begräbniß
als Wampir zu behandeln, weil er voraus sehe,
er würde sonst sehr grosse Lust haben, das Blut
der Kinder zu saugen.

Der herzhafteste Haiduck würde vor der Erschei-
nung eines Gespenstes, eines Nachtmänchens, oder
einer Hexe, die von der eingenommenen Einbil-
dungskraft eines leichtgläubigen Menschen so leicht
gesehen werden, mit allen Kräften davon laufen.
Auch schämen sie sich dieses Schreckens im geringsten nicht; sondern antworten beynahe wie Pindar
sagt: „Der Schrecken, der von Gespenstern
„kömmt, jagt auch die Söhne der Götter in die
„Flucht. „ Die morlackischen Weibspersonen sind
natürlicher Weise hundertmal furchtsamer, und
sehen also weit mehr Erscheinungen als die Män-
ner; einige davon haben sich so lange den Nahmen
Hexen geben hören, daß sie sich zuletzt selbst in
vollem Ernst dafür zu halten anfangen.

Die alten morlackiſchen Hexen wiſſen eine Menge
Zaubereyen zu machen; eine der gewöhlichſten iſt,
daß ſie fremden Kühen die Milch wegnehmen, damit ihre eigene deſto mehr haben ſollen. Sie thun
noch gröſſere Wunder. Man erzählt von einem
Jüngling, dem zwo Hexen, während er ſchlief,
das Herz herausgenommen haben, das ſie gebraten eſſen wollten. Er wurde natürlicher Weiſe
ſeinen Verluſt nicht gewahr, weil er ſich in tiefem
Schlaf befand, aber beym Erwachen fieng er an
Schmerzen zu fühlen, und endlich kam er auf die
Entdeckung, daß ſein Herz ſeinen gewöhnlichen
Platz verlaſſen habe. Ein Franciskaner Mönch,
der in eben dem Zimmer lag aber nicht ſchlafen
konnte, ſah der ganzen anatomiſchen Operation
der Hexen ſehr genau zu, aber konnte, weil er
von ihnen bezaubert war, ſie nicht verhindern.
Endlich löſte ſich bey dem Erwachen des herzloſen
Jünglings die Bezauberung auf, und beyde ver-
einigten ſich die verbrecheriſchen Unholdinen zu
züchtigen: aber dieſe beſalbten ſich in der Ge-
ſchwindigkeit mit einem gewiſſen Oel, das ſie in
einem kleinen Krug bey ſich hatten, und flogen
davon. Der Pater gieng nach dem Camin, nahm
eilig das Herz, das ſchon gebraten war von den
Kohlen, und gab es dem Jüngling zu eſſen, der
wie billig wieder geſund ward, ſo bald er es hin-
unter geſchluckt hatte. Dieſe Begebenheit wird

von seiner Reverenz selbst erzählt, indem sie zugleich, um keinen Zweifel über die Wahrheit derselben übrig zu lassen, mit der aufrichtigsten Mine
die Hand auf das Herz legt. Diesen guten Leuten
kömmt nur nicht der mindeste Gedanke zu arg-
wöhnen, daß der Wein diese ganze Zauberey hervorgebracht, und daß die zwo Weibspersonen,
wovon eine nichts weniger als alt war, aus
einer ganz andern Ursache als weil sie Hexen
waren, das Feld geräumt haben. So wie es von
Zauberinnen, die Vjěſtize genennt werden, wim-
melt, eben so häufig sind die Bahörnize, die das
Uebel wieder heilen und die Bezauberung auflösen
können. Und wehe dem Ungläubigen, der zwei-
feln wollte; er hat die Rache beyder entgegenge-
setzten Mächte zu fürchten.

Zwischen der römischen und griechischen Kirche
herrscht wie gewöhnlich die vollkommenste Uneinigkeit; und die beyderseitigen Priester unterlassen
nicht sie zu unterhalten. Beyde Parthien erzählen
tausend scandalose Anekdoten eine von der andern.
Die römischen Kirchen sind arm aber doch rein-
lich; die griechischen eben so arm und zugleich
auf eine schändliche Art verwahrlost. Ich habe
den Priester einer morlackischen Stadt in dem
Kirchhof auf der Erde sitzen, und so die Beicht
von Weibspersonen anhören sehen, die zu seiner

Seite hingekniet waren. Eine seltsame Stellung,
die aber zugleich ein Beweis der Unschuld ist, die
sich bey den Gebräuchen dieser guten Vöker erhal=
ten hat. Sie haben die tiefste Ehrerbietung für
ihre Priester, hangen gänzlich von ihnen ab, und
setzen ein unumschränktes Vertrauen auf sie. Nicht
selten erstreckt sich die Aufmerksamkeit ihrer Seel=
sorger auch auf ihren Cörper: sie werden auf sol=
datischen Fuß von ihnen behandelt und müssen den
Rücken ihren Stockschlägen darbieten. Ein Die=
ner Christi scheint bey diesem Umstand seine Grän=
zen ein wenig zu weit zu überschreiten, so wie
auch bey den öffentlichen Bussen, die er nach dem
Beyspiel der alten Kirche auferlegt. Von der
gutherzigen Leichtgläubigkeit der armen Bergbe=
wohner wird besonders ein zu grosser Mißbrauch
gemacht; sie müssen abergläubische Zettelchen und
andre Armseligkeiten dieser Art nach dem Wohl=
gefallen der Priester bezahlen. In die Zettelchen,
die Zapiz genennt werden, pflegen sie auf eine er=
künstelte Art Nahmen der Heiligen zu schreiben,
womit eigentlich nicht zu scherzen ist; manchmal
copieren sie ältere, und setzen Albernheiten von
ihrer Erfindung hinzu. Diesen Zapiz eignen sie
ohngefehr eben die Eigenschaften zu, welche die
Basilidianer ihren widersinnig gehauenen Steinen
zugeeignet haben. Die Morlacken pflegen sie an
ihre Mützen zu nähen, um sich von einer Krank=

heit zu heilen oder zu verwahren; manchmal bin=
den sie dieselbe eben damit auf die Hörner ihrer
Ochsen. Der Vortheil, den die Priester aus die=
sen Zettelchen ziehen, macht sie auf die Mittel, ihr
Ansehen zu erhalten, aufmerksam, die ihnen auch
ohngeachtet der häufigen Beweise von ihrer Unwirk=
samkeit, welche diejenige, die sich ihrer bedienen,
erfahren müssen; indessen noch immer gelungen
sind. Es ist merkwürdig, daß auch die Türken
aus den angränzenden Oertern kommen, und sich
von den christlichen Priestern Zapize machen lassen;
wodurch dies Waarenlager noch in weit grösserm
Flor kommen muß. Einen andern Artickel der
morlackischen Religion, (den auch der venetianische
Pöbel angenommen hat,) machen die römischen
oder auch die venetianischen Kupfer und Silber=
münzen aus, die für Medaillen der St. Helena,
und als solche für die kräftigsten Mittel gegen die
Epilepsie und andre Uebel, gehalten werden. Die
nehmlichen Vollkommenheiten werden den ungari=
schen Münzen, die Petizzen genennt werden, zu=
geschrieben, so bald sie auf dem umgekehrten
Theil das Bild der Mutter Gottes sehen, die das
Kind Jesu auf dem rechten Arm trägt. Das Ge=
schenk einer solchen Münze wird in der Morlachey
von den Personen beyderley Geschlechts von un=
schätzbarem Werth gehalten.

Die benachbarten Türken, die ihre Zapize mit
aberglaubischer Andacht bey sich tragen, und sich
oft Geschenke von Marienbildern geben, und Meß=
sen auf römische Art halten lassen, (eine offenbare
Versündigung gegen den Alkoran) scheinen bey
ihren Grüssen wider sie selbst zu seyn. Man hört
keinen Reisenden zu dem andern sagen: Huagliam
Issus, Gelobet sey Jesus! sondern Huagliam Bog,
Gelobet sey Gott!

IX.
Sitten.

Die natürliche Unschuld und Freyheit der Schä=
ferzeiten erhält sich noch in der Morlachey; wenig=
stens sind in den Oertern, die von dem Meer ent=
fernt liegen, noch sehr merkliche Spuren davon an=
zutreffen. Die unbefangene Aufrichtigkeit der Ge=
sinnungen wird in diesen glücklichen Gegenden von
keinen äusserlichen Absichten zurück gehalten, und
äussert sich immer gleich heiter und rein, was ihr
immer für Umstände in den Weg kommen mögen.
Ein schönes morlackisches Mädchen begegnet auf
der Strasse einer Mannsperson aus ihrem Land,
und küßt sie herzlich, ohne an etwas Arges zu den=
ken. Ich habe an Festtagen alle Frauen und
Jungfrauen, alle Jünglinge und Greise von mehr
als einer Stadt sich unter einander küssen sehen,
so wie sie auf den Kirchplätzen zusammen kamen.

Sie schienen alle nur eine Familie zu seyn. Eben
dies habe ich auf den Straßen und Marktplätzen
der Seestädte, wo die Morlacken ihre Früchte
verkaufen, hundertmal beobachtet. In Festzeiten
kan man noch eine andre kleine Freyheit mit den
Händen zu sehen bekommen, die wir andre nicht
sehr anständig finden würden, die aber bey diesem
Volk nicht anstößig ist. Wenn man ihnen einen
Verweiß darüber geben will, so sagen sie: „ es sey
„ ein Scherz, der keine Folgen habe. „ Indessen
legen diese Scherze nicht selten den Grund zu
ihren Liebeshändeln, die sich, wenn beyde Theile
einig sind, sehr oft mit Entführungen endigen.
Man weiß fast kein Beyspiel, und in Gegenden
die von der Handlung abgelegen sind, wird es gewiß niemals geschehen, daß ein Mädchen von einem Morlacken wider ihre Einwilligung entführt
oder entehrt würde. Wenn es einem unter ihnen
einfallen sollte, etwas dergleichen zu wagen, so würde er ohnfehlbar kräftigen Widerstand von dem ange-
griffenen Theil zu erfahren haben; indem die morlackischen Mädchen den Mannspersonen gemeiniglich
nur wenig an Stärke nachgeben. Fast immer wird
die Zeit und der Ort der Entführung von dem
Mädchen selbst bestimmet, und meistens thut sie
diesen Schritt, um sich von dem Haufen der
Freyer los zu machen, denen sie vielleicht Verspre-
chungen gethan und von welchen sie irgend ein

kleines Geschenk, vielleicht einen meßingenen Ring,
ein kleines Messerchen, oder etwas anders von
eben so geringem Werth, als ein Pfand ihrer
Liebe angenommen hatte. Die Morlackinnen haben einige Aufmerksamkeit auf ihren Putz, so lange sie noch auf einen Mann hoffen; kaum aber
haben sie seine Eroberung gemacht, so überlassen
sie sich einer gänzlichen Unreinlichkeit; als wollten
sie dadurch die Verachtung rechtfertigen, womit
sie behandelt werden. Dem ohngeachtet kan man
nicht sagen, daß die morlackischen Mädchen Wohl-
gerüche athmen; denn sie pflegen ihre Haare mit
Butter einzusalben, die bald in Fäulnis übergeht,
und auch in der Ferne den unangenehmsten Ge-
stank verbreitet, den je die Nase eines Liebhabers
einziehen kan.

X.

Weibskleider.

Die Kleidung der Morlackinnen ist in verschiedenen Gegenden verschieden, und den Augen eines
Fremden überall gleich neu. Der Kopfschmuck
der Mädchen macht ihre Kleidung mannichfaltiger
und seltsamer, als der Weiber ihre, denen nicht
erlaubt ist etwas anders als ein weisses oder far-
bichtes zusammengeknüpftes Tuch auf dem Kopf
zu tragen. Die Mädchen tragen eine scharlachene

Mütze, von welcher gemeiniglich ein Schleyer
über die Schultern herunter hängt, der das Zeichen ihrer Jungfrauschaft ist. Wenn noch etliche
Reihen von Silbermünzen, unter denen manche
alt und von grossem Werth sind, hinzukommen,
so ist das vornehmste Mädchen in ihrem Putz; gemeiniglich pflegen noch Zierrathen von Filigran-
Arbeit, in Form von Ohrringen und kleinen silber-
nen Ketten, die sich am Ende mit einen halben
Mond beschliessen, daran zu hangen. Bey einigen sieht man noch verschiedene Zusammensetzungen
von gefärbten Gläsern, die in Silber eingefaßt
sind. Die armen Mädchen haben ihre Mützen
ohne allen Zierrath; manchmal sind sie mit aus-
ländischen kleinen Conchylien, oder mit Schnüren
von Glaskügelchen, oder zirkelförmigter Zinnarbeit
besetzt. Ein Hauptverdienst der morlackischen
Mützen, welches den guten Geschmack der Frauenzimmer vom besten Ton entscheidet, besteht darinn,
daß sie das Auge durch die Verschiedenheit ihrer
Zierrathen an sich heften, und bey der geringsten
Bewegung des Haupts zu rauschen anfangen.
Daher kömmt es, daß kleine Ketten, Herzchen,
halbe Monde von Silber oder Messing, falsche
Steine, Schnekchen, und andre dergleichen schöne
Sachen hier ihren Platz finden. In einigen Ge-
genden pflegen sie ein Gebind von vielfarbichten
Federn, dem sie das Ansehen von zwey Hörnern

gegeben haben, vorne auf die Mützen zu stecken;
in andern tragen sie Federbüsche, worinn schim=
mernde Glaßstücke zittern, noch in andern falsche
Blumen, die sie in den Seestädten gekauft haben.
Man muß eingestehen, daß zwischen der Ver=
schiedenheit dieser seltsamen und barbarischen Zier=
rathen, hier und da eine Art von Genie hervor=
leuchtet. Ihre Festtagshember sind mit rother
Seide, manchmal mit Gold gestickt. Sie pflegen
diese Arbeit selbst zu machen, indem sie ihre Heer=
den auf die Weide führen; und man muß erstau=
nen, wie ihnen diese Stickereyen im herumgehen,
und aus freyer Hand so gut gerathen können.
Diese Hemden sind am Hals mit zwoen Haften,
die von den Morlacken Maite genennt werden, zu=
geschlossen, und wie bey den Mannspersonen längst
der Brust herunter offen. Die Weiber und Mäd=
chen tragen dicke Schnuren von Glasperlen um
den Hals, die auf eine widersinnige Art von ver=
schiedener Farbe und Grösse zusammen gerichtet
sind; an den Fingern eine Menge Ringe von
Zinn, Meßing und Silber; um die Pulse lederne
Armbänder, die mit Zierrathen von Zinn, oder
wenn sie reich genug, von Silber überdeckt sind.
Sie haben Vorstecker (Bruststücke) die gestickt,
oder mit Muscheln und Glasperlen besetzt sind;
aber sie wissen nichts von Schnürbrüsten, und
pflegen eben so wenig ihre Vorstecker, (Bruststü=

cke) mit Eisen oder Fischbein zu steifen. Zwischen
ihnen und dem Rock, deſſen Saum manchmal
mit Muſcheln ausgeziert iſt, und den ſie wegen der
blauen, oder nach ihrer Sprache modro Farbe,
welche am meiſten dazu gebraucht wird, Modrina
nennen, läuft ein breiter Gürtel, der von gefärb=
ter Wolle gewoben, oder aus Leder, mit Zinnar=
beit eingelegt, gemacht iſt. Das Oberkleid von
Raſch, das Sadak von ihnen genennt wird, fällt
wie der Rock bis auf die Mitte der Wade herun=
ter, und iſt mit Scharlach ausgeſäumt. In
Sommertagen pflegen ſie die Modrina abzulegen,
und den Sadak allein ohne Ermel, über einen Un=
terrock oder weiſſen zu tragen. Sie haben keine
andre als rothe Strümpfe; ihre Schuhe ſind wie
der Mannsperſonen ihre und werden wie ſie,
Opanko genennt; die Sohlen beſtehen aus unge=
gerbtem Ochſenleder; die Obertheile aus einer Art
von zuſammen geſchnierten Neſteln, die von
Schaafleder gemacht ſind, und Opůte genennt
werden. Sie werden rund um den Fuß gewun=
den, und ſchlieſſen ſich, wie der alte Cothurn oben
über den Knöcheln zu. Wenn eine Familie nur
einiges Vermögen beſitzt, ſo wird den Mädchen
aus derſelben keine andere Art von Schuhen zu
tragen geſtattet. Wenn ſie ſich heurathen, ſo kön=
nen ſie die Opanken ablegen, und ſich der Papuzzen
auf türkiſche Art bedienen. Die Haarflechten der

Mädchen liegen unter den Mützen verborgen; die
Weiber pflegen sie auf die Brust herunter fallen
zu lassen, oder unter der Kehle zusammen zu bin=
den, wobey immer Medaillen, Cristalle, und
Münzen, die nach dem Gebrauch der Tartarn
und Americaner durchlöchert sind, mit eingestoch=
ten oder angehängt werden. Ein Mädchen, das
sich einen schlimmen Ruf zugezogen hätte, würde
sich dem Schimpf aussetzen, daß ihr öffentlich in
der Kirche von dem Geistlichen die rothe Mütze
abgerissen, und von einem ihrer Verwandten zum
Zeichen ihrer Schande das Haar abgeschnitten
würde. Daher kömmt es, wenn eine von ihnen
sich eines Vergehens schuldig gemacht hat, daß sie
von sich selbst ihre jungfräulichen Ehrenzeichen ab=
legt, und ihr Vaterland verläßt.

XI.

Heurath, Schwangerschaft, Niederkunft.

Es geschieht sehr oft unter den Morlacken, daß
ein Mädchen von einem Jüngling, der viele Mei=
len von ihr entfernt wohnt, zur Frau begehrt
wird. Solche Heurathen werden von den Vätern
der Familien betrieben, ohne daß die zukünftigen
Eheleute sich jemals gesehen haben. Die Ursache
dieser entfernten Freyereyen, pflegt weniger der
Mangel an Mädchen des Orts, oder der Gegend,

als die Begierde zu seyn, sich mit ausgebreiteten
oder solchen Familien zu verbinden, die im Ruhm
stehn, eine Reihe tapfrer Leute hervorgebracht zu
haben. Der Vater, oder auch ein anderer schon
bejahrter Verwandter des Bräutigams kömmt
als dann, das Mädchen, oder besser zu sagen, ein
Mädchen von der Familie zu begehren; denn ge=
meiniglich ist als dann noch keine Auswahl getrof=
fen. Nun werden ihm alle Mädchen des Hauses
vorgeführt; und er wählt nach seinem Wohlgefal=
len, wobey er sich indessen meistens durch das
Recht der Erstgeburt bestimmen läßt. Selten
wird ein begehrtes Mädchen verweigert; auch
pflegt man nicht so genau auf die Umstände zu
sehen, worinn sich der Freyer befindet. Man sieht
oft, daß ein reicher Morlacke seinem eignen Knecht
oder Pachter eine Tochter giebt, wie es zu der
Patriarchen Zeiten gewöhnlich war; in so gerin=
gem Preis stehen die Mädchen bey diesem Volk.
Uebrigens haben sie bey solchen Gelegenheiten ein
Recht, um welches die unsrigen sie vielleicht be=
neiden werden, und das auch ihnen, billig zuge=
standen werden sollte. Derjenige, der als Procu=
rator um das Mädchen gefreyt hat, geht so bald
er es erhalten, zu dem Bräutigam, und kömmt,
damit beyde sich einander sehen können, wieder
mit ihm zurück. Wenn sie sich auf beyden Sei=
ten nicht mißfallen, so ist die Heurath geschlossen.

Einige Gegenden beobachten die Gewohnheit, daß
das Mädchen, ehe sie ein entscheidendes Ja von
sich giebt, das Haus und die Familie des ihr
angetragnen Bräutigams in Augenschein nimmt;
wenn sie entweder an den Personen oder dem Ort
keinen Geschmack finden kan, so hat sie die Freyheit den Tractat wieder aufzuheben. Ist sie im
Gegentheil damit zufrieden, so kehrt sie, begleitet
von ihrem Bräutigam und dem Verwandten der
Familie nach ihrem väterlichen Hause zurück.
Man bestimmt nun den Tag der Hochzeit; der
Bräutigam versammelt an demselben die angesehensten aus der Verwandtschaft, die bey dieser
Feyerlichkeit Svati genannt werden, und alle zu
Pferde in vollem Putz nach der Wohnung der
Braut ziehen. Ein Haupttheil ihres Schmucks
besteht in einem Busch von Pfauenfedern auf
dem Hut. Die Gesellschaft hat sich immer
wohl bewafnet, um irgend einen Anfall oder
Hinterhalt, der ihr Fest zu stören versuchen wollte,
zurück treiben zu können. In ältern Zeiten hatte
man immer solche unvermuthete Angriffe zu befürchten; damals war die Gewohnheit, so viel aus
den heroischen Liedern der Nation zu sehen ist,
daß die verschiedenen Freyer eines Mädchens durch
Heldenthaten, oder Beweise von Behendigkeit und
Fertigkeit des Verstandes, den Vorzug zu verdienen suchten. In einem alten Gesang auf die

Hochzeit des Woywoden Janko von Sebigné,
der ein Zeitverwandter des berühmten Georg Ca=
striotich, genannt Scanderbeck, gewesen, bieten
ihm die Brüder der Jagua von Temeswar, die
er zur Frau begehrt hatte, nachdem sie ihn über=
mäßig zu Trinken gereitzt hatten, weil sie ihm
nicht gewogen waren, verschiedene Spiele an;
mit dem Beding, ihm die Braut zu überlassen,
wenn er sich mit Ehre aus der Sache ziehen
würde, wo nicht, ihn auf der Stelle umzubringen.

Zum Anfang hielten sie ihm eine Lanze
Auf dessen Spitz' ein Apfel stack, entgegen,
Und sprachen lächelnd: diesen Apfel, Janko,
Durchschieß mit deinem Pfeil auf dieser Spitze.
Wirst du mit deinem Pfeil ihn nicht durchschiessen,
So wirst anstatt das wunderschöne Fräulein
Mit dir zu führen, nicht von dieser Stelle
Mehr weggehn, und dein Haupt nicht fürder
tragen. *

Das zweyte Kunststück, das er machen sollte,
war mit einem Sprung sich über neun neben einan=
der

---

* Dies Gedicht wird nicht für vollkommen historisch
  gehalten; indessen dient es immer, die Gebräuche
  der damaligen Zeiten, und den Character der Na=
  tion kennen zu lernen.

ber gestellte Pferde zu werfen; das dritte, unter
neun verschleyerten Fräulein seine künftige Braut
zu erkennen. Janko war ein tapfrer Soldat, aber
auf solche Spiele verstund er sich nicht. Einer sei=
ner Verwandten nahm die Sache über sich, wel=
ches er nach der damaligen Gewohnheit ohne Wi=
derrede thun konnte; so wie noch itzt in Engelland
einer der herausgefordert worden, einen andern an
seine Stelle setzen kan. Die Art, wie Zeculo, des
Janko Verwandter errieth, welche unter den neun
verschleyerten Fräulein die versprochene Braut
seines Vetters sey, verdient angeführt zu wer=
den, und meine Digreßion noch zu verlängern.
Er zog den Mantel von seinem Rücken, breitete
ihn über den Boden aus, und so im Unterkleid,
spricht der Dichter,

„ Stand wie die Sonne
„ Zeculo strålend und rund um sich blitzend, „

Nun warf er eine Handvoll goldne Ringe auf
seinen Mantel, und kehrte sich nach den verschleyer=
ten Fräulein:

„ So komm, die goldnen Ringe
„ Zu sammlen, du liebwürdige, dem Janko
„ Verheißne Braut; und wenn die Hand zu
nähern

D

„ Ein' andre wagt, so will mit einem Schwerdt-
    streich
„ Ich samt dem Arm sie auf die Erde strecken.
„ Sie bebten all zurück, doch wollt' mit ihnen
„ Nicht auch zurück die Braut des Janko beben.
„ Sie sammelte die goldnen Ring' und steckte
„ Sie an die weisse Hand. „

Man muß gestehen, daß Zeculo ein sonderbares
Talent, die Masken zu erkennen, besessen habe.

Wem nach solchen Proben seine Braut abgenommen, oder ein andrer unrechtmäßiger Weise vor-
gezogen wurde, der suchte mit Gewalt sich wieder
in seine Rechte einzusetzen, woraus immer blutige
Schlägereyen entstanden.   Auf den Grabsteinen
der alten Slaven, die sich in den Wäldern und
Wüsteneyen der Morlachey finden, kan man viele
von diesen Handgemengen in halberhobener Arbeit
eingehauen sehen. *

* Solche Grabsteine trift man besonders in dem Wald
  zwischen Liubusky und Vergoraz an, längst der Heer-
  strasse, die von Salona nach Narona führt. Zu
  Lovreck, Cista, Mramor, zwischen Stign und
  Imosky sieht man ebenfalls eine grosse Menge.
  Ein einzelner Grabstein von dieser Art, der den
  Nahmen Coſtagnichia-grob hat, findet sich zu Der-
  venich von Primorie; ein andrer zu Zakusaz, wo er
  auf dem Plaß des Handgemengs errichtet seyn soll.

Iſt die Braut verſchleyert und bekränzt zwiſchen den Suaten zu Pferdt nach der Kirche geführt worden, und ſind die heiligen Ceremonien vollendet, ſo wird ſie unter Abfeurung von Flinten und Piſtolen, unter barbariſchem Zujauchzen und wildem Freudengeſchrey in ihr väterliches, oder wenn es nicht ſehr weit iſt, in das Haus ihres Bräutigams zurück begleitet. Jeder von den Suaten hat ſein beſonderes Amt während dem Zug und bey der Mahlzeit, wozu ſogleich nach den Kirchen-Ceremonien geſchritten wird. Der Parvinaz geht vor allen andern voraus, und ſingt in einiger Entfernung. Der Bariactar ſchwingt eine ſeidene Fahne, die an eine Lanze, auf deren Spitze ein Apfel ſteckt, befeſtiget iſt. Der Bariactaren pflegen zween, auch wohl bey vornehmen Heurathen vier zu ſeyn. Der Stari-Suat iſt die Hauptperſon der Brigade, und gemeiniglich wird der angeſehenſte aus der Verwandſchaft mit dieſer Würde bekleidet. Der Stacheo hat den Auftrag, die Verordnungen des Stari-Suat zu empfangen. Die beyden Diveri, welches die Brüder des Bräutigams, wenn er hat, ſeyn müſſen, bedienen die Braut. Der Kuum iſt, was wir Pathe nennen; der Komorgia oder Seckſana muß die Aufſicht über den Brautſchatz haben. Der Ciajus trägt einen Stab, und hält den Zug in Ordnung; zugleich ſingt er aus voller Kehle: Breberi, Davori,

D 2

Dobra, Prichia, Jara, Pico, Nahmen der alten
Schutzgötter. Der Buklia macht den Mund-
schenken der Brigade, sowohl auf der Reise als
bey der Mahlzeit. Diese Aemter werden doppelt
und dreyfach besetzt, nachdem die Gesellschaften
mehr oder weniger zahlreich sind.

Das Mittagessen des ersten Tages wird manchmal in dem Hause der Braut, meistens aber bey
dem Bräutigam gehalten, auf dessen Wohnung die
Suaten sogleich nach der hochzeitlichen Einsegnung
losgehen. Drey oder vier laufen zu Fuß voraus,
und der geschwindeste von ihnen bekömt eine Mah-
rama, eine Art von Handquelen, die an beyden
Enden mit Spitzen besetzt sind. Der Domachin,
oder Hausvater, kömmt seiner Schwiegertochter
entgegen. So bald sie vom Pferd steigt, wird ihr
ein Kind zu liebkosen übergeben, welches, wenn
sich in der Familie keines befindet, von einem der
Nachbarn entlehnt wird. Ehe sie in das Haus
geht, kniet sie nieder und küßt die Thürschwelle.
Die Schwiegermutter, oder wenn keine da ist,
eine andre Frau aus der Verwandtschaft übergiebt
ihr einen Korb voll Korn, Nüssen, Mandeln und
verschiedenen andern Früchten, die sie über die
Suaten ausstreuen muß, indem sie eine Handvoll
nach der andern über die Schultern hinter sich
wirft. An diesem Tag speist die Braut nicht mit

ihren Eltern zu Mittag, sondern mit beyden
Diveri und dem Stacheo an einem abgesonder-
ten Tisch. Der Bräutigam sitzt an der Tafel der
Suati, aber es ist ihm an diesem Tag, der allein
der ehelichen Verbindung geheiligt ist, nicht erlaubt, irgend etwas aufzulösen oder zu zerschneiden.
Der Kuum schneidet das Brodt und Fleisch für
ihn. Die Ausforderungen zum trinken, gehören
zu dem Amt des Domachin; der erste, der darauf zu antworten die Ehre hat, ist seiner Würde
halber der Stari-Suat. Gemeiniglich pflegt der
Kreis der Bukkara, eines reichhaltigen hölzernen
Bechers, mit einer Gesundheit auf den heiligen
Familien Patron, auf das Wachsthum des heiligen Glaubens, oder auf den Nahmen Christi einen
feyerlichen Anfang zu machen. Uebrigens herrscht
die ausschweifendste Unmäßigkeit bey diesen Gast-
mahlen, wozu ein jeder von den Suaten das seinige
beyträgt. Sie kehren unsern Gebrauch vollkommen um: Obst und Käse eröfnen das Mittags-
mahl, die Suppe macht den Beschluß. Unter den
Speisen die im Ueberfluß aufgetischt werden, erscheinen alle Arten von Geflügel, Schüsseln von
Ziegenfleisch, Hammelfleisch, manchmal Wildpret,
Kalbfleisch bekömmt man nur selten, und vielleicht
bey den von Ausländern noch unverdorbnen Morlacken niemals zu sehen. Der Abscheu vor dieser
Speise hat sich seit den entferntesten Jahrhunderten

bey dieser Nation erhalten; schon der H. Hiero=
nimus giebt von dieser Gewohnheit Nachricht. *
Tomco Marnavich, ein in Bosnien gebohrner
Schriftsteller, der zu Anfang des vorigen Jahr=
hunderts gelebt, sagt, „ daß die von den Lastern
„ der fremden unangesteckte Dalmatier, sich bis
„ auf seine Zeiten, des Kalbfleisches, als einer
„ unreinen Speise enthalten haben. „ ** Die
Weibspersonen aus der Verwandtschaft, die zur
Mahlzeit eingeladen worden, dürfen nicht an ei=
nerley Tisch mit den Mannspersonen speisen, son=
dern sind nach der eingeführten Gewohnheit von
ihnen abgesondert.

Der Nachmittag wird, wie bey andern Feyer=
lichkeiten, mit Tänzen, mit alten Volksliedern,
mit Spielen des Körpers und Verstandes zuge=
bracht. Abends nach dem Nachtessen, wenn die
drey gewöhnlichen Truchausforderungen vollzogen
sind, wird der Bräutigam von dem Kuum in das
Brautgemach begleitet, welches der Keller oder
Viehstall zu seyn pflegt. So bald sie darinn ange=

* At in noſtra provincia fcelus putant vitulos devo-
rare. D. Hicron. contra Jovin.

** Ad hanc diem Dalmatæ, quos peregrina vitia non
infecere, ab efu vitulorum non fecus ac ab immunda
efca abhorrent. Joh. Tom. Marn, in op. incd. de
Illyrico, Cæfaribusque Illyricis.

langt ſind, ſo beſtehlt der Kuum beyden Diveri
und dem Stacheo abzutreten, und er bleibt allein
mit dem Brautpaar zurück. Iſt ein beſſeres Bett
als Stroh zubereitet, ſo führt er ſie zu demſelben;
und wenn er der Braut den Gürtel aufgelöſt hat,
ſo läßt er ſie und den Bräutigam einander aus-
kleiden. Es iſt noch nicht ſehr lange, daß der Gebrauch, wodurch der Kuum die Braut ganz und
gar zu entkleiden verbunden geweſen, in völligem
Schwang war; und noch iſt hiervon dieſem geiſtlichen Vater das Privilegium zurückgeblieben, ſo
oft und wo er ihr begegnet, ſie zu küſſen. Ein
Privilegium, das vielleicht Anfangs einigen Reiß
haben kann, aber ihn in der Folge gänzlich verlie-
ren muß. So bald ſich das Brautpaar im Hembe
befindet, ſo zieht ſich der Kuum zurück, und horcht
an der Thüre, wenn anders eine Thüre da iſt.
Er muß hierauf den glücklichen Erfolg der erſten
Umarmungen bekannt machen, welches mit einem
Piſtolenſchuß geſchieht, worauf ſogleich der Wider-
ſchall einiger andern von den Suaten zu antworten
pflegt. Macht der Bräutigam einige unverhofte
Entdeckungen, (wenn er erfahren genug iſt, ſie zu
machen) ſo hat die Feyerlichkeit ein Ende. Doch
erregen ſie keinen ſo groſſen Aufſtand, als die
Ukräner bey ähnlichen Fällen zu thun pflegen,
Von denen ſie in dieſem Fall einigermaſſen ver-
ſchieden ſind, ob ſie wohl übrigens in Kleidung,

Gebräuchen, Dialect, so gar in der Ortographie
aufs genaueste mit ihnen übereinkommen. Sie
pflegen dort am Tage nach der Hochzeit, das Hemd
der jungen Ehefrau mit grosser Feyerlichkeit herum
zu tragen; und auf eine brutale Art mit der Mutter zu verfahren, wenn die Jungferschaft ihrer
Tochter verdächtig gefunden worden ist. Eine der
Beschimpfungen, die sie ihr wegen ihrer Fahrläß-
sigkeit anhängen, besteht darinn; daß sie ihr in ein
Gefäß, dessen Boden ein Loch hat, zu trinken ein-
schenken. * Die beyden Diweri und der Stacheus
müssen zur Strafe, die ihrer Aufsicht anvertraute
Braut vernachläßiget zu haben, sich einer fünfjäh-
rigen Busse unterwerfen, wenn sie anders wieder
unter die Suaten aufgenommen werden wollen.

Es wird bey diesen Gelegenheiten eine unmäßige
Menge von Racfia oder Brandtwein getrunken.
Den folgenden Tag sitzt die Braut ohne Schleyer
und Mütze, mit entblößtem Kopf an der Tafel
der Suaten, und muß die gröbsten Zweydeutig-
keiten und die unflätigsten Beschuldigungen von
den Suaten anhören, die sich bey dieser Gelegenheit für berechtiget halten, alle Gränzen der An-
ständigkeit, worinn sie bey andern Vorfällen sich
einzuschränken gewohnt sind, zu überschreiten.

* Diese Gebräuche sind im ganzen rußischen Reich
gewöhnlich.

Diesen Hochzeitfesten, welche die alten Hunnen
Zdrave genennt, haben die venetianischen Morlacken den Nahmen Zdravize gegeben, woher ohne
Zweifel das italiänische Wort Stravizzo gekommen
ist. Sie dauren drey, sechs, acht und mehr Tage,
nachdem die Familie, die sie anstellt, mehr oder
weniger reich oder verschwenderisch ist. Die junge
Hausfrau findet am meisten ihre Rechnung dabey,
indem ihr diese Zeit beträchtliche Geschenke ein-
trägt, die den Grund zu ihrem künftigen kleinen
Eigenthum legen; denn ihr ganzer Brautschatz
pflegt aus ihrem Geräthe und einer Kuh zu bestehen; bisweilen geschieht es so gar, daß ihre Eltern
dem Bräutigam, statt ihm zu geben, noch Geld
abnehmen. Jeden Morgen bringt sie den Gästen
Wasser zum Handwaschen, worauf ein jeder ein
Stück Geld in das Waschbecken werfen muß.
Sie haben desto mehr Ursache etwas dafür zu bezahlen, weil sie dadurch veranlasset werden, eine
Function zu thun, die sie vielleicht ganze Monathe
unterlassen hatten. Auch erlaubt die Gewohnheit
einer solchen neuvermählten Frau, die Suaten
auf verschiedene Art zu necken, ihnen ihre Opanken, ihre Mützen, Messer, und andre dergleichen
Dinge von der ersten Nothwendigkeit zu verstecken,
welche sie alsdann mit einer Geldsumme, die von
der Gesellschaft taxiert wird, wieder auslösen
müssen. Neben diesen freywilligen und abgedrun-

genen Contributionen muß ein jeder von ihnen nach
eingeführtem Gebrauch der Braut ein Geschenk
machen, das sie von ihrer Seite am letzten Tag
der Zdravizen, mit einem kleinen Gegengeschenk
erwiedern muß. Der Kuum und der Hochzeiter
überbringen diese Geschenke dem Domachin auf
entblößten Säbeln, der sie nach der Ordnung un=
ter die Svaten austheilt. Sie bestehen gemei=
niglich in Hembern, Brusttüchern, Halsbinden,
Mützen, und andern dergleichen unbeträchtlichen
Kleinigkeiten.

Die Hochzeitgebräuche sind durch die ganze be=
wohnte Morlachey beynahe vollkommen einerley;
und noch bey den Insulanern, die in den Dörfern,
und bey den Istriern und Dalmatiern, die an den
Ufern wohnen, nur mit einiger Verschiedenheit
eben dieselbe. Unter den Zügen dieser Verschie=
denheit, sieht man auf der Insel Zlarine in den
Seen von Sebenico einen, der angemerkt zu
werden verdient. In dem Augenblick da die
Braut sich mit dem Bräutigam entfernen will,
muß ihr der Stari=Svat, der bey dieser Gelegen=
heit nicht selten betrunken ist, den Blumenkranz
mit einem Säbelhieb herunter schlagen. Auf der
Insul Pagus, in Quarnaro, herrscht in dem
Dorfe Novaglia, (wahrscheinlicher Weise der alten
Erdbeschreiber Gissa) ein Gebrauch, der lächer=

licher und weniger gefährlich, übrigens eben so
brutal und unnatürlich ist. Wenn der Bräutigam
im Begriff ist, seine Braut, mit welcher er sich
nun auf immer verbinden soll, mit sich hinweg zu
führen, so fängt ihr Vater oder ihre Mutter an,
indem sie ihm dieselbe übergeben, ihm zugleich alle
ihre schlimme Eigenschaften mit weitläufiger Carri-
catur der Reihe nach zu erzählen. „Weil du sie
„durchaus haben willst, so wisse, daß sie eine
„nichtswürdige Creatur ist, hartnäckig, eigensin-
„nig u. s. w.„ Hierauf dreht sich der Bräutigam mit einer unwilligen Mine nach der Braut:
„O! wenn du so bist, sagt er zu ihr, so werde
„ich dir schon den Kopf zurecht zu setzen wissen.„
Und indem er dies sagt, giebt er ihr das Zeichen
zu einer derben Maulschelle, macht ihr eine Faust,
tritt mit dem Fuß gegen ihr, oder erweist ihr andre Liebkosungen dieser Art, unter denen, damit
nicht alles ein blosses Schattenspiel sey, sie manche
würklich empfinden muß. Ueberhaupt scheint es,
so wie man erzählen hört, daß den morlackischen
Weibspersonen, auch noch den Insularinnen, nur
die welche in den Städten wohnen ausgenommen,
eine kleine Züchtigung von ihren Männern, oft
von ihren Liebhabern, zuweilen eher angenehm als
zuwider seyn müsse.

In dem Bezirk von Dernisch sind die angehen-
den Frauen, während des ersten Jahres ihrer Ehe,
verbunden, alle bekannte Landsleute, die in ihr
Haus kommen, zu küssen. Nach der Zeit sind sie
dieser Höflichkeitsbezeugung überhoben, als wenn
die unausstehliche Unreinlichkeit, deren sie sich gemeiniglich in der Folge ergeben, sie ihres vorigen
Amts unwürdig machte. Diese Unreinlichkeit ist
vielleicht zu gleicher Zeit die Ursache und Wirkung
von der verächtlichen Behandlung, welche sie von
ihren Männern und Eltern erfahren müssen. Wenn
diese mit einer Person von Bedeutung sprechen,
so nennen sie ihre Weiber oder Töchter niemals,
ohne mit Ihrer Erlaubniß voraus zu schicken.
Der politeste Morlacke, der Gelegenheit bekömmt
von seinem Weib zu sprechen, sagt immer: „ Da
„ prostite, moia xena, Verzeihen Sie mir, mein
„ Weib. „   Die wenigen, die eine Bettstelle,
worinn sie auf Stroh schlafen, besitzen, leiden das
Weib nicht darinn, sie muß auf dem Boden schlafen, und erscheinen wenn sie gerufen wird. Ich
habe nicht selten in den Häusern der Morlacken
geschlafen, und diese allgemeine Verachtung des
andern Geschlechts, deutlich wahrnehmen können;
wodurch es, wenn es auch dieselbe wegen Mangel
an Liebenswürdigkeit verdienen sollte, noch mehr
entstellt und herabgewürdiget werden muß.

Die Schwangerschaften und Geburten dieser
Weibspersonen wären Wunderdinge bey uns, wo
die Frauen, ehe sie entbunden werden, so viel
Schwächen und Ohnmachten auszustehen, und
nach der grossen Operation noch so viel Cautelen
zu beobachten haben. Eine Morlackin denkt nicht
daran ihre Diät zu verändern, unterläßt, um
schwanger zu werden, weder irgend eine Arbeit
noch Reise. Oft geschicht es, daß sie auf dem
Feld oder mitten auf dem Weg für sich ganz allein
niederkömmt, ihr Kind auffaßt, in dem nächsten
Wasser, das sie antrift, baadet, mit sich nach Haus
trägt, und den andern Tag zu ihren gewöhnlichen
Arbeiten oder auf ihre Viehweide wieder zurück=
kehrt. Auch wenn die Kinder zu Haus auf die
Welt kommen, so werden sie nach einer uralten
Gewohnheit der Nation in kaltem Wasser gebaadet.
Die Morlacken können deswegen, so gut als die
alten Bewohner Italiens, von sich sagen:

Durum à stirpe genus, natos ad flumina primum
Deferimus, sævoque gelu duramus, & undis.

Dieses kalte Baad bringt die schlimmen Wirkun=
gen nicht hervor, die ihm Herr Mochard zur Last
legen will, der den heutigen Gebrauch der Schot=
ten und Irländer als gefährlich für die Nerven
mißbilligt, und die Eintauchungen der alten Deut=

schen für Kinder des Aberglaubens und der Un=
wissenheit ausgiebt. *

Die kleinen Geschöpfe, die bey uns so sorgfältig
aufgehoben und so zärtlich rein gemacht werden,
sind hier in erbärmliche Lumpen eingewickelt, worinn
sie drey oder vier Monath lang so elend als mög=
lich aufbehalten werden. Hernach läßt man sie
auf allen Vieren in der Hütte und auf dem Feld
herum gehen, wo sie neben der Kunst auf beyden
Füssen zu gehen, noch jene Stärke und beneidens=
würdige Gesundheit erlangen, womit die Morla=
cken durchgängig versehen, und womit sie fähig
sind, dem Schnee und der schneidendsten Kälte mit
entblößter Brust entgegen zu gehen. Die Kinder
saugen die Muttermilch, bis sie wegen einer neuen
Schwangerschaft sich davon entwöhnen müssen;
und wenn diese vier und sechs Jahr anstehen sollte,
so werden sie die ganze Zeit über von den Brüsten
ihrer Mutter genährt. Man darf also die Erzäh=
lung von der ungeheuren Länge der morlackischen
Brüste, die den Kindern, (welche auf dem Rücken
getragen werden) nicht allein durch die Arme,.
sondern auch über die Achseln Milch geben können,
für keine Fabel halten.

* Memoires de la Soc. Oec. de Berne, an. 1764.
III. Partie.

Die Morlacken pflegen ihren Knaben sehr spåte
Beinkleider anzulegen; man sieht sie manchmal
noch in ihrem dreyzehenden und vierzehenden Jahre
mit ihrem langen Hembe, das bis auf die Knie
herunter geht, umher laufen. Am meisten wird
dieser Gebrauch an den Grånzen von Bosnien be=
merkt, wo er von den Türken zu den Morlacken
übergegangen ist. Die türkischen Unterthanen
bezahlen keine Zaraz oder Kopfsteuer, bis sie
Hosen tragen, indem sie vor dieser Zeit für unfähig
zu arbeiten und ihr Brodt zu gewinnen, angese=
hen werden.

Bey Gelegenheit einer Niederkunft, besonders
der ersten, schicken alle Verwandte und Freunde
der Kindbetterin zu essen; woraus ein Nachtessen,
das sie Babine nennen, gemacht wird. Die
Kindbetterinnen gehen nicht eher als nach vierzig
Tagen in die Kirche, wo sie zuerst den Reinigungs=
Segen empfangen.

Die morlackischen Knaben verleben ihre ersten
Jahre in den Wäldern, wo sie Schaafe oder
Viehheerden hüten. Zugleich lernen sie von sich
selbst verschiedene Arbeit zu verfertigen, wozu sie
sich eines blossen Messers bedienen. Sie wissen
hölzerne Becher und Pfeifen mit allerley erhobener
Schnitzarbeit zu machen, die nicht zu verachten,

und von der Anlage dieses Volks zu vollkommnern
Sachen, ein genugsamer Beweis sind.

XII.

Speisen.

Auf verschiedne Weise gestockte Milch ist die
gewöhnliche Nahrung der Morlacken. Sie pfle=
gen, um sie sauer zu machen, Eßig darein zu gief=
sen, wodurch sie eine Art von Knollenkäse hervor=
bringen, die ausserordentlich erfrischend ist. Die
Molken davon sind ein sehr beliebter Trank unter
ihnen, und auch für einen fremden Gaumen nicht
unangenehm. Die beste Schüssel die sie einem
Fremden in der Geschwindigkeit zurecht zu machen
wissen, ist frischer Käse in Butter gebacken. Man
trift wenig Brodt auf unsre Art bey ihnen an;
sondern sie pflegen sich von Hirsen, Gersten, von
Türkischem= oder Heydenkorn, auch wohl, wenn
sie wohlhabend sind, von Getraid eine Art von
Kuchen zu machen. Diese Kuchen werden von
Tag zu Tag auf dem blossen Stein von dem Heerd
gebacken; die von Getraide kommen bey den Ar=
men nur selten in Vorschein. Saure Krautköpfe,
wovon sie einen so grossen Vorrath machen, als
sie können; die Küchenwurzeln und Kräuter, die
sich im Wald und auf dem Feld finden, machen
ihr Gemüse aus, das zugleich sehr gesund und
wohl=

wohlfeil ist. Aber nach dem gebratnen Fleisch,
wofür sie eine Art von Leidenschaft haben, werden
Knoblauch und Schalotten am meisten und aller-
gemeinsten von der Nation geliebt. Ein Morlacke
schickt die Ausdünstungen von dieser seiner gewöhnlichen Speise immer etliche Schritte vor sich her,
und kündigt sich einer ungewohnten Nase schon
von weitem an. Ich erinnere mich irgendwo ge-
lesen zu haben, daß Stilpon, dem verwiesen
worden, weil er in den Tempel der Ceres gegangen, nachdem er Knoblauch gegessen, der verboten
war, zur Antwort gegeben: „Gieb mir etwas
„besseres als Knoblauch, und ich will abstehen
„davon zu essen.„ Die Morlacken würden diesen Vertrag nicht eingehen, und wenn sie es thun
sollten, so könnten sie vielleicht es in der Folge zu
bereuen haben. Es ist wahrscheinlich, daß der
Gebrauch dieser Pflanzen, die schlimme Eigen-
schaft des Wassers von den morastigen Fischtei-
chen und sumpfichten Flüssen, woraus viele Morlacken in Sommerszeit zu schöpfen genöthiget sind,
einiger massen hebt, und nicht wenig beyträgt,
ihre Körper frisch und robust zu erhalten. Sie
haben starke und frische Greise unter sich; und ich
wäre beynahe versucht, was immer die Anhänger
des Horaz dawider sagen mögen, auch den Knoblauch an diesem Verdienst Antheil nehmen zu
lassen. Ich konnte mich nie genug verwundern,

E

daß die Morlacken, die einen so grossen Aufwand von Zwiebeln, Schalotten und Knoblauch machen, und sich gezwungen sehen, den Anconitanern und Riminesern jährlich viele Millionen Ducaten dafür zu zahlen, ihre weite und fette Felder noch nicht selbst damit angepflanzt haben. Es wäre eine wohlthätige Gewalt, oder besser zu sagen eine Handlung von väterlicher Liebe, wenn man sie diese Producten selbst anzubauen nötigen würde. Ich wünschte, daß man ihnen wenigstens diese Art beträchtliche Summen ersparen zu können, vorstellte; weil der, welcher den Vorschlag thun würde, sie mit Prämien aufzumuntern, welches übrigens der leichteste Weg ist in der Agricultur etwas zu Stande zu bringen, sich nur lächerlich zu machen, befürchten müßte.

Der Eifer eines der vorigen Generale in Dalmatien, hat in den Ländereyen der Morlachey den Hanfbau eingeführt; der sich zwar in der Folge nicht immer in gleichem Trieb erhalten, aber doch viele Morlacken, die den Vortheil davon eingesehen, ihn freywillig fortzusetzen, bewogen hat. Auch geben sie schon seit dieser Zeit, weil sie nun selbst zu weben anfangen, weniger Geld für fremde Leinwand aus. Warum sollten sie sich nicht, um viel leichter zu dem Anbau einer Pflanze verstehen, die ihre tägliche Nahrung, und gleichsam von der

erften Nothwendigkeit für fie geworden ift? Die
Reinigkeit der Luft, die Frugalität und das arbeit=
fame Leben machen, daß in der Morlachey, befon=
ders auf den Gebirgen, eine groffe Anzahl von
alten Leuten angetroffen wird. Ich wollte wegen
der Unwiffenheit, worinn fich die Morlacken in
Abficht auf ihr eigenes Alter befinden, keinen
Dando * unter ihnen auffuchen. Aufferdem habe
ich doch einen Greifen gefunden, der, wie ich
glaube, dem berühmten Parr an die Seite gefetzt
werden könnte.

XIII.

Hausrath und Hütten, Kleider und Waffen.

Anftatt der Matratzen bedienen fich die wohlha=
benden Morlacken grober Decken, die aus der
Türkey herkommen; höchft felten findet man einen
unter ihnen, der fo reich ift, und ein Bette auf
unfre Art hat; es giebt nur wenige, die eine von
Brettern, auf die unkünftlichfte Weife zufammen
gefetzte Bettftelle befitzen, worinn fie ohne Matra=
tzen oder Leilach, zwifchen ihren groben türkifchen

E 2

* Alexander Cornelius memorat Dandonem Illyricum
D. annos vixiffe. Plin. L. VII, c. 48.

Decken schlafen. Das Lager des grösten Theils
ist der blosse Boden, worüber sie die Decke, in
die sie sich ganz und gar einwickeln, ausbreiten,
und höchstens ein wenig Stroh darunter legen.
Zur Sommerszeit schlafen sie gern in der freyen
Luft ihres Hofes, und ergreifen auf diese Art das
beste Mittel sich vor dem Ungeziefer der Häuser
zu retten.

In ihren Hütten haben sie die wenigen und ein-
fachen Mobilien, die einem Volk von Hirten und
Bauren, das in seinen Handthierungen noch keine
grosse Schritte gemacht hat, nothwendig sind.
Wenn das Haus eines Morlacken ein Dach von
Schiefer oder Ziegelstein und einen obern Boden
hat, so macht das Balkenwerk die Garderobe der
Familie aus, die in diesem Fall gut versehen seyn
muß. Und doch schlafen die Frauenzimmer auf
der Erde, ob sie schon in so vornehmen Häusern
wohnen. Ich habe sie einmal, indem sie zugleich
ich weiß nicht was für diabolische Gesänge her
heulten, in eben dem Zimmer bis über die halbe
Nacht mahlen gesehen, worinn ich schlafen sollte,
und worinn noch zehn oder zwölf Personen ohngeachtet dieser Musik in tiefem Schlaf auf den
Boden hingestreckt lagen. In den Oertern, die
von dem Meer und den Städten entfernt liegen,
sind die Häuser der Morlacken gemeiniglich nichts

anders als Hütten mit Stroh oder Zimble überdeckt; so nennen sie eine Art von dünnen Brettern,
deren sie sich in den Gebirgen, wo keine brauch-
bare Steine zu finden sind, oder wo die Einwoh-
ner fürchten, unter den Ruinen ihrer Häuser zer-
schmettert zu werden, an statt der Ziegel bedienen.
Das Vieh wohnt in der nehmlichen Hütte; und
ist durch eine Wand von geflochtnen Ruthen, die
von Gassen- oder Kühkoth überschmiert sind, von
seiner Herrschaft abgesondert. Das Gemäuer der
Hütte, ist entweder von eben dieser Materie, oder
aus grossen Steinen gemacht, die ohne Kalk über
einander gehäuft sind.

In der Mitte der Hütte steht der Heerd, wovon
der Rauch durch die Thüre ziehen muß, weil gemeiniglich keine andre Oeffnung vorhanden ist.
Daher sind diese armselige Wohnungen von innen
ganz schwarz und rusicht, alles räuchelt in densel-
ben bis auf die Milch, die Nahrung der morlackischen Hirten, welche sie den Reisenden von freyen
Stücken anbieten. Die Personen und Kleider
nehmen eben diesen Geruch an. Die ganze Familie ist in den kältern Jahrszeiten um den Heerd
her zu Nacht, und ein jeder pflegt an eben der
Stelle, wo er auf der Erde sitzend gegessen hatte,
sich hinzustrecken und einzuschlafen. In einigen Häusern findet man Bänke. Sie brennen Butter statt

Oels in den Lampen, meistens aber gebrauchen sie, um des Nachts Licht zu haben, Spähne von Tannenholz, wovon der Rauch ihre Gesichter auf eine ganz eigene Art schwarz färbt. Hier und da hat ein reicher Morlacke Häuser auf türkische, und Stühle oder andre Mobilien auf unsre Art; doch gröstentheils bleiben auch die Reichen der rohen Lebensart der übrigen getreu. Aber ohngeachtet der Armuth und Unscheinbarkeit ihrer Häuser, haben die Morlacken einen Abscheu vor den Unreinigkeiten, die manchmal Stundenlang in unsern Zimmern aufbehalten werden, und weßwegen uns die Morlacken barbarisch und schweinisch benennen. Man trift unter ihnen weder eine Manns- noch Weibsperson an, die durch irgend eine Krankheit so weit gebracht werden könnte, die dringendste Nothdurft in ihrer eignen Wohnung zu verrichten, so gar die Sterbenden werden heraus getragen, um sich in freyer Luft zu erleichtern. Wer aus Verachtung oder Unwissenheit ihre Hütten auf diese Art entweihen sollte, würde Gefahr laufen, mit dem Leben, wenigstens mit einer öffentlichen Züchtigung dafür gestraft zu werden.

Die gewöhnliche Kleidung eines Morlacken ist simpel und ökonomisch. Die Opanken sind so wohl die Schuhe der Manns- als Weibspersonen, sie pflegen sie zu einer Art von gestrickten Halbstie-

feln anzuziehen, die sie Navlakaza nennen, und die
bis über die Knöchel an das äuserste der Beinklei=
der hinauf gehen, wovon das ganze Bein bekleidet
ist. Diese Beinkleider sind von grobem weissem
Rasch, die an den Seiten mit einer wollenen
Schnur, auf die Art eines Reisebündels zugezogen
werden. Das Hemd kömmt kaum noch in dieselbe,
denn es reicht um sehr wenig weiter als über den
Nabel, bis wohin die Beinkleider zu gehen pfle=
gen. Ueber dem Hembe tragen sie einen kurzen
Wammes, den sie Jakermo nennen, und über
den sie im Winter einen Mantel von grobem rothem
Tuch werfen, der Kabaniza und Japungia von
ihnen genennt wird. * Auf dem Haupt tragen sie
eine Mütze von Scharlach, und über derselben
eine Art von cylindrischem Turban, dem sie den
Nahmen Kalpack geben. Sie pflegen die Haare
abzuscheeren, und wie die Polacken und Tartarn
nur einen kleinen Schopf davon übrig zu lassen.
Sie gürten sich mit einer rothen wollenen oder
seidenen Schärpe, die von dicken Schnüren netz=
weise gestrickt ist. Zwischen diese und die Bein=
kleider stecken sie ihre Waffen, nemlich eine oder
zwo Pistolen von hinten, und ein ungeheures

E 4

* Von diesen Wörtern leiten sich wahrscheinlicher
Weise die italiänischen, Gabbàno und Giubbone
her.

Meſſer von vorne, das Hanzar genennt wird, und in einer meßingenen Scheide ſteckt, die mit falſchen Steinen geziert iſt; oft hängt dieſes noch an einer Kette von Meßing, die ſich um die Schärpe herum ſchlängt. Hier verwahren ſie auch ein mit Zinn beſchlagnes Horn, worinn ſie Fett aufbehalten, um ihre Waffen vor dem Regen zu ſchützen, und wenn ſie unterweges ſich wund gegangen, ſich ſelbſt damit zu ſchmieren. Noch hängt von der Schärpe eine kleine Patrone herab, worinn Feuer= ſtahl, und wenn ſie haben, Geld ſich befindet. Auch ihr Rauchtaback, der in einem Beutel von trockner Blaſe verwahrt iſt, wird der Schärpe anvertraut. Die Pfeife findet ihren Platz hinten auf dem Rücken, wo ſie, den Kopf auswärts, zwiſchen dem Hemd und der Haut durchgeſteckt wird. Das Gewehr ſieht man immer, wenn der Morlacke aus dem Hauſe geht, über ſeine Schul= tern hangen.

Die Häupter der Nation ſind mit mehr Auf= wand gekleidet. Man kann aus der Kupfertafel, die meinen gutherzigen Gaſtwirth von Coccorich vorſtellt, über ihren Geſchmack in ihrer Kleidungs= art urtheilen.

XIV.

Musik, Poesie, Tanz und Spiel.

In den Gesellschaften der Landleute, die sich ge=
meiniglich in den Häusern wo viele Mädchen sind,
versammeln, wird das Angedenken der alten Na=
tional=Begebenheiten gefeyert. Es ist immer ein
Sänger dabey zugegen, der sich mit einem In=
strument accompagniert, das eine einzige Saite
hat, die aus einer menge Pferdhaaren zusammen=
geflochten ist. Von diesem Sänger werden die
alten Pisme oder Volkslieder oft unaufhörlich wie=
derholt. Der heroische Gesang der Morlacken ist
im höchsten Grade kläglich und monotonisch. Sie
pflegen auch ein wenig durch die Nase zu singen,
welches übrigens mit dem Instrument, daß sie zu=
gleich spielen, vortreflich zusammen stimmt. Die
Verse ihrer ältesten Lieder, die sich durch Tradition
unter ihnen erhalten haben, sind reimfrey, und
bestehen aus zehn Silben. Diese Poesien haben
viel Stärke im Ausdruck, aber nur selten sieht
man wie einen vorübergehenden Blitz der Ein=
bildungskraft darinn, und dieser ist nicht einmal
immer gut angebracht. Doch machen sie grossen
Eindruck auf die Zuhörer, welche sie nach und
nach auswendig lernen. Ich habe bey einer Stelle,

die auf mich nicht 'die geringste Wirkung machte,
einen von ihnen weinen und schluchzen gesehen.
Vielleicht daß der Nachdruck der illyrischen Worte,
der von einem Morlacken besser empfunden werden
muß, diesen Effect verursacht haben mag, oder
daß, welches mir wahrscheinlicher zu seyn dünkt,
ihre noch rohe und weniger an feinere Vorstellun-
gen gewohnte Sinnen, um erschüttert zu werden,
nur schwach berührt werden dürfen. Die Simplicität und Verwirrung, die man oft in den alten
Gedichten der provenzalischen Trovatoren neben
einander antrift, machen auch, überhaupt zu sprechen, den Hauptcharacter der poetischen Erzäh-
lungen von den Morlacken aus. Man findet
zwar auch einige von besserm Zusammenhang;
allein, wer sie hört oder lieset, muß nothwendig
immer eine Menge kleiner Umstände hinzudenken,
ohne die, eine prosaische oder poetische Erzählung
bey den cultivierten europäischen Nationen, ein
monströses Ansehen haben würde.

Ich bin nicht so glücklich gewesen, bey dieser
Nation Gedichte zu finden, die ihr Alter über das
vierzehende Jahrhundert hätten beweisen können;
und befürchte, daß eine ähnliche Ursache mit der,
die uns in den Zeiten der andächtigen Barbarey,
so viele griechische und lateinische Schriften geraubt,

daran Schuld haben dürfte. Ich bin auf die Ver=
muthung gekommen, ob nicht vielleicht unter den
Merebten und den Bewohnern der clementinischen
Gebirge, die ein von dem Umgang mit andern
Nationen beynahe gänzlich abgesondertes Hirten=
leben führen, einige alte Monumente anzutreffen
wären: Allein wer will sich versprechen, diesen
Völkern die ganz und gar verwildert und unge=
lehrig sind, ohne Gefahr nahe zu kommen? Ich
gestehe, daß ich Muth genug in mir fühle, eine
Reise zu ihnen zu unternehmen, nicht sowohl in
der Absicht alte Gedichte aufzufinden, als die Na=
turgeschichte dieser bis itzt gänzlich unbekannten
Gegenden kennen zu lernen, und vielleicht mit ei=
nem Schatz von griechischen und römischen Ent=
deckungen zurück zu kommen. Nur schade, daß
fast immer die Ausführung der besten Entwürfe,
durch so viele Nebenumstände, gehemmet wird.

Ich habe verschiedene morlackische Heldengesänge
übersetzt, und werde einen davon, der mir eben
so interessant als gut gearbeitet scheint, diesem
Werk anhängen. Wenn sie auch nicht mit den
Gedichten des berühmten Schottischen Barden *
verglichen werden können; so muß ihnen wenigstens

* Es braucht wohl niemanden gesagt zu werden, daß
hier von Oßian die Rede sey.

das Verdienst zugestanden werden, daß sie die
Simplicität der homerischen Zeiten, und die Sit=
ten der Nation abschildern. Der illyrische Text,
welcher der angezeigten Ueberſetzung zur Seite
ſteht, wird den Leſer in den Stand ſetzen, ſelbſt
zu urtheilen, wie ſehr dieſe volle und wohlklingende
Sprache zur Muſik und Poeſie geſchickt wäre, die
indeſſen, ſogar von den cultivierten Nationen die
ſie ſprechen, gänzlich vernachläßiget wird. Ovid
war nicht, zu ſtolz, als er unter den Slaven am
ſchwarzen Meer lebte, ſein poetiſches Talent an
ſlaviſchen Verſen zu üben, und brachte es ſo weit
darinn, daß er von dieſen Wilden ſelbſt das Lob und
Beyfall erhielt; ob er ſich ſchon nachher, da ihn
der römiſche Stolz wieder anwandelte, zu ſchämen
anfieng, das lateiniſche Sylbenmaas mit einer bar=
bariſchen Sprache entweyht zu haben. * Die Stadt
Raguſa hat in der illyriſchen Sprache eine ziem=
liche Anzahl ſehr angenehmer Dichter, auch einige
Dichterinnen hervorgebracht. Unter den Dichtern
iſt Giovanni Gondola der berühmteſte. Auch
den übrigen Städten von den Ufern und Inſeln

* Ah! pudet, & Getico ſcripſi ſermone libellum,
  Structaque ſunt noſtris barbara verba modis.
Et placui (gratare mihi,) cœpique Poetæ
Inter inhumanos nomen habere Getas.
De Ponto, IV. Ep. 13.

Dalmatiens fehlte es nicht hieran. Aber die häufigen Italianismen, die sich in diese Sprache ein-
geschlichen, haben ihrer alten Simplicität sehr
grossen Schaden gethan. Die Kenner derselben,
unter denen ich mit dem grösten, dem Erzbischoff
Matthäus Sovick weitläufige Unterredungen
über diesen Punct gehalten habe, finden die morlackische Sprache eben so barbarisch, als von fremden Wörtern und Redensarten angefüllt. * In

* Der gelehrte, fromme, gutthätige und gastfreye
Erzbischoff Matthäus Sovick, ist gegen dem Ende
des verflossenen Februars von diesem in ein bessers
Leben übergegangen; zu wahrer Betrübnis aller
Rechtschaffenen, und zu unersetzlichem Verlust für
die Nation. Das Andenken dieses würdigen Mannes, der ein längeres Leben und ein glänzenders
Schicksal verdient hätte, wird sich erhalten, wenn
die Dalmatier ihre eigene Ehre liebhaben werden.
Er wurde zu Anfang dieses Jahrhunderts in Peters-
burg gebohren, wo sein Vater, ein Chersiner, in
Diensten Peters des Grossen war. Er verlohr ihn
schon in seinen ersten Jahren; bekam aber dennoch
in dem Hause des Admirals Zmajevick eine vor-
treffliche Erziehung. Nach dem Tode dieses Mannes ward er von dem damaligen Abt Caraman,
der nach Rußland geschickt worden, um daselbst
zur Verbesserung der Glagolitischen Breviere
und Meßbücher dienliche Kenntnisse daselbst zu
sammeln, nach Dalmatien geführt. Der junge
Sovick wurde auf Empfehlung des Herrn Zmaje-

jeder Rückſicht finde ich das Boßniſche, das von
den Morlacken, die entfernter vom Meere leben,
geſprochen wird, viel Harmoniſcher für meine

vicf, damaligen Erzbiſchofs zu Zara, in das Se-
minarium della propaganda aufgenommen, wo er ſich
dem Studium der Theologie, beſonders der alten
glagolitiſchen Coderen widmete. Er war dem Herrn
Caraman, der vor drey Jahren als Erzbiſchof von
Zara ſtarb, bey der Verbeſſerung des Meßbücher,
und bey der Redaction einer weitläufigen Apologie,
die nicht heraus gekommen, ſehr behülflich. Zur
Belohnung ſeiner Bemühungen erhielt er das Ar-
chidiaconat bey der Cathedralkirche von Oſſero, wo
wo er in philoſophiſcher Ruhe zufrieden lebte, und
und mit Vergnügen das kleine Eigenthum, das er
beſaß, mit ſeinen Gäſten und den Armen theilte.
Er wurde zur Verbeſſerung des Breviers verſchie-
denemal nach Rom berufen; gieng einmal hin,
und kam misvergnügt wieder zurück. Auch in ſeiner Einſamkeit vernachläßigte er ſeine Studien
nicht, wovon ich durch eine Menge ſchätzbarer Arbeiten, die ich während meines Aufenthalts bey
ihm, unter ſeinen Papieren geſehen, überzeugt
worden bin. Es befindet ſich ein Werk darunter,
das nun zu Stande gebracht ſeyn muß, eine lateiniſche Ueberſetzung der ſlavoniſchen Grammatic
von Melezius Smotriski: mit beygefügtem Text,
von allem was darinn überflüßig war, geſäubert,
und mit neuen Anmerkungen zum Gebrauch der
jungen illyriſchen Geiſtlichen bereichert. Dieſes
Werk verdient deſto mehr öffentlich bekannt zu wer-

Ohren als das littorale Illyrische. Die Dalma=
tier die am Meere wohnen, werden mir dies
hoffe ich nicht verübeln, weil meine Ohren keinen
Anspruch machen können, in dieser Sache Richter
zu seyn. Doch wir kommen zu den Volksliedern
zurück.

Wenn der Morlacke, besonders bey Nachtzeit,
über die wüsten Gebürge reist, so singt er die al=
ten Thaten der slavischen Ritter und Könige,
oder irgend eine tragische Geschichte. Wenn es
sich zuträgt, daß auf der Anhöhe eines angrän=
zenden Berges ein andrer Reisender vorüber geht,
so wiederhohlt er immer den Vers den der erste
gesungen hat; und dieser Wechselgesang dauert
so lange bis beyde Stimmen durch die Entfer=
nung getrennt werden. Ein modulirtes Oh! oder
eine Art von langem Geheul geht immer vor je=
dem Vers her, die Worte, woraus diese Verse

den, da die Sprache der slavonischen Religion,
die in den Seminarien von Zara und Almissa stu=
diert wird, noch keine gute Gramaticken hat; und
da nach dem Tode des Archidiaconus Sovick, ohne
die noch Lebende beleidigen zu wollen, zur Steuer
der Wahrheit gesagt werden muß, daß keiner mehr
vorhanden ist, der den Nahmen Professor mit
Recht verdiente.

beſtehen, werden geſchwind ohne einige Modula=
tion ausgeſprochen, welche auf die letzte Silbe
geſpart wird, und mit einem verlängerten Geſchrey
endigt, das ohnfehlbar einen Triller vorſtellen ſoll,
und mit jedem Athemzug wieder höher ſteigt.

Noch itzt iſt die Poeſie unter den Morlacken nicht
ganz erloſchen, oder blos auf die Wiederholung
alter Geſchichten eingeſchränkt. Es giebt noch un=
ter ihren Sängern einige, die, nachdem ſie ein
altes Stück zu ihrer Guzla geſungen haben, daſſelbe
mit einigen aus dem Stegreif gemachten Verſen,
zum Lob der angeſehenen Perſon ſchlieſſen, für
welche ſie geſungen haben. Man findet mehr als
einen unter ihnen, der von Anfang bis zu Ende
aus dem Stegreif ſingt, und immer zugleich mit
der Guzla accompagniert. Auch fehlt es nicht an
geſchriebner Poeſie, wenn ſich Gelegenheiten, das
Andenken irgend einer Begebenheit zu erhalten,
darbieten. Auſſer dem Guzla ſind die Hirtenflö=
ten mit mehreren Röhren, die Pfeifen und Du=
delſäcke, die ſie blaſen und zugleich mit dem Arm,
unter dem ſie dieſelbe halten, drücken; ſehr ge=
wöhnliche muſicaliſche Inſtrumente in der Mor=
lachey.

Die

Die traditionalen Volkslieder tragen unendlich
viel bey, die alten Gebräuche zu erhalten. Daher kommen ihre Feyerlichkeiten, ihre Spiele und
Tänze, noch von den entferntesten Zeiten her.
Ihre Spiele bestehen fast meistens in Beweisen
von Stärke oder Geschicklichkeit, als zum Exem-
pel: wer am höchsten springen, wer am geschwin-
desten laufen, wer einen grossen Stein, der mit
grosser Mühe von der Erde aufgehoben wird, am
weitesten werfen könne. Bey dem Gesang ihrer
Lieder, und dem Schall der Dudelsäcke, welche
denen, die von den Bärenführern herumgetragen
werden, nicht wenig ähnlich sind, tanzen die
Morlacken ihren Lieblings Tanz, den sie Kolo
oder Zirkel nennen, und der sich endlich in Skossi-
gori, oder Luftsprünge verliert. Die Manns- und
Weibspersonen halten sich bey der Hand, formie-
ren einen Zirkel, und fangen, nach den rauhen
und monotonischen Noten des Instruments, das
von einem Kunstverständigen gespielt wird, zuerst
an, langsam sich im Kreise herum zu heben.
Nach und nach verändert der Zirkel seine Gestalt,
und wird bald eine Ellypse, bald ein Viereck,
nach dem der Tanz sich belebt; endlich artet er
in ungeheure Sprünge aus, die auch von den
Weibspersonen, zu gänzlicher Revolution ihrer
Glieder und Kleider mitgemacht werden. Die

F

Leidenschaft, welche die Morlacken für diesen wil=
den Tanz haben, ist unglaublich. Wenn sie auch
von einer langen Arbeit oder Reise ermüdet sind,
und nur wenig Speise zu sich genommen haben,
so pflegen sie ihn doch zuweilen anzustellen, und
mit diesen gewaltsamen Bewegungen, nur zwi=
schen kleinen Ruhepuncten, viele Stunden lang
auszuhalten.

XV.

Medicin.

Es geschieht nicht selten, daß hitzige Krankhei=
ten auf die Tänze der Morlacken folgen. Bey
diesem wie bey jedem andern Zufall rufen sie keine
Aerzte, weil sie glücklich genug sind, keine zu
haben, sondern sie helfen sich selbst. Ein mächti=
ger Schluck von Rakia pflegt ihre erste Medicin zu
seyn. Wenn die Krankheit nicht weichen will,
so giessen sie eine gute Dosis von Pfeffer oder
Schießpulver darunter, und trinken die Mixtur.
Nach diesem pflegen sie sich, wenn es Winter,
sehr wohl zu bedecken, und wenn es Sommer ist,
auf dem Rücken der Länge nach in die Sonne zu
liegen, um, wie sie sagen, das Uebel zu ver=
schwitzen. Für das Terzianfieber haben sie eine
Cur, die noch systematischer ist. Den ersten und

zwenten Tag nehmen sie ein Glas Wein, in welches zu verschiedenen Stunden ein bißchen Pfeffer geworfen worden; den dritten und vierten wird die Dosis verdoppelt. Ich habe mehr als einen Morlacken gesehen, den dieses seltsame Mittel vom Fieber befreyet hatte. Die Verstopfungen heben sie, indem sie dem Patienten einen grossen glatten Stein auf den Unterleib legen; Schnuppen und Husten mit heftigem Reiben, womit sie den Rückgrad des Kranken von oben bis unten verwunden, und braun und blau machen. Manchmal pflegen sie auch bey Flußkrankheiten einen glühenden Stein, der in ein nasses Tuch eingewickelt ist, zu applicieren. Um den Appetit der durch anhaltendes Fieber verlohren gegangen, wieder zu gewinnen, pflegen sie viel Eßig zu trinken. Ihr letztes Mittel, dessen sie sich in verzweifelten Fällen bedienen, ist, wenn sie haben können, Zucker, den sie dem Sterbenden in den Mund stecken, damit er den Tod weniger bitter finde. Bey Gliederkrankheiten gebrauchen sie Meerfenchel, und die arctische Feldcypresse (Iva arctica) den inflammierten oder sonst leidenden Theilen pflegen sie öfters Blutigel anzusetzen. In den Gegenden wo berg-gelbröthliche Erde (terra ocracea rossigna) gefunden wird, macht sie bey Wunden und andern Verletzungen des Körpers

das erſte Mittel aus; welches auch an einigen
Orten zwiſchen Böhmen und Meiſſen, wo man
dieſe Erde häufig antrift, gewöhnlich iſt. * Grei=
ſel, der von dem Gebrauch dieſes Mittels Nach=
richt giebt, hat die Erfahrung davon an ſich ſelbſt
gemacht, ſo wie ich in Dalmatien mehr als ein=
mal gethan habe. Die Morlacken wiſſen ver=
renkte und gebrochne Beine ziemlich gut wieder
herzuſtellen, ohne darum die Oſteologie ſo gut
ſtudiert zu haben, als unſre Wundärzte, die uns
bey allem dem ſehr oft nach den beſten Regeln
lahm machen. Sie laſſen den Kranken mit
einem Inſtrument zur Ader, das viel Aehnlichkeit
mit demjenigen hat, welches bey Pferden ge=
braucht wird; und das ſie dem ohngeachtet ſo
geſchickt zu führen wiſſen, daß ſie niemals die
ſchlimmen Zufälle damit verurſachen, die wir
manchmal den Lanzetten zu danken haben.

XVI.

Leichenbegängniſſe.

Der Verſtorbene wird noch, ehe man ihn aus
dem Hauſe trägt, von der Familie beweint, und
wenn ich ſo ſagen darf, beheult. So bald er

* Suppl. Act. Nat. Curioſ. Dec. 1. ann. 2. obſ. 78.

aber von dem Priester abgehohlt wird, so bricht ein verdoppeltes Geschrey aus, wie bey uns. Aber etwas, das bey uns nicht gewöhnlich ist, und bey diesen traurigen Gelegenheiten von den Morlacken beobachtet wird; sie rufen dem Leich= nam noch in die Ohren, und geben ihm aus= drückliche Commißionen in die andre Welt mit. Nach diesen Ceremonien wird der Todte mit einem weissen Tuch bedeckt, und in die Kirche getra= gen, wo die Klaglieder aufs neue angehen, und das Leben des Verstorbenen von den Klagweibern und von seinen Verwandtinnen, weinend abge= sungen wird. So bald er beerdiget ist, so kehrt der ganze Leichenzug mit dem Pfarrer in das Haus, von dem sie ausgegangen, wieder zurück; und nun essen sie sich rund und voll, und wissen Wein und Gebete auf eine seltsame Art unterein= ander zu mischen.

Die Mannspersonen pflegen zum Zeichen der Trauer einige Zeit den Bart wachsen zu lassen, eine Gewohnheit, die ein hebräisches Aussehen hat, so wie auch die Lustrationen und der Ge= brauch des ungesäuerten Brodts, und einige an= dre, die man bey diesem Volk antrift. Auch macht eine violettbraune oder blaue Mütze einen

F 3

Theil der Trauer aus. Die Weibspersonen bin=
den sich schwarze oder blaue Schnupftücher um
den Kopf, und überziehen alles was roth an ihren
Kleidern ist, mit schwarzem Zeug. Im ersten
Jahre nach dem Tod eines ihrer Verwandten,
pflegen die Morlackinnen wenigstens alle Feyer=
tage sein Grab zu besuchen, es mit neuen Thrä=
nen zu benetzen, und Blumen und wohlriechende
Kräuter darauf zu streuen. Wenn sie während
dieser Zeit, einmal durch unumgängliche Noth=
wendigkeit, von diesem Besuch abgehalten wor=
den, so entschuldigen sie sich förmlich bey dem
Todten, und sprechen mit ihm als ob er lebend
wäre; und geben ihm aufs genaueste von den
Hindernissen, wodurch sie an ihrer Schuldigkeit
verhindert worden seyen, Rechenschaft. Nicht
selten erkundigen sie sich bey ihm um Neuigkeiten
aus der andern Welt, und thun die seltsamsten
Fragen an ihn. Alles dieses wird mit kläglichem
Ton, und in einer Art von Sylbenmaas, her ge=
sungen. Die jungen Mädchen die begierig sind,
sich in den schönen Künsten der Nation zu üben,
begleiten die Weiber, die nach den Gräbern ge=
hen, und stimmen zuweilen mit ihnen an, wo=
durch ein wirklich klägliches Duett entsteht.

Dieses ist es, was ich bey einer Nation beob=
achtet habe, die bis itzt verachtet und mißkannt
worden ist. Ich will die Beschreibungen, die
ich auf meiner Reise durch die Morlachey von
ihren Einwohnern gemacht habe, nicht dafür ge=
ben, daß alle kleinere Umstände davon auf alle
Oerter dieses Landes passen, die manchmal weit
von einander entlegen sind; doch werden die Ver=
schiedenheiten, die man dabey finden dürfte,
von sehr geringer Erheblichkeit seyn.

Innhalt.

Afan, ein türkischer Hauptmann, wurde in
einem Gefechte dergestalt verwundet, daß er nicht
vermögend war in sein Haus zurück zu kehren.
Seine Mutter und Schwester kamen ihn zu be=
suchen auf das Schlachtfeld; aber durch eine
Scham, die uns seltsam vorkommen müßte, zurück
gehalten, hatte seine Gemahlin nicht Muth genug
hin zu gehen. Afan hielt ihre Abwesenheit für
eine Anzeige schlimmer Gesinnungen gegen ihn,
wurde darüber erbittert, und schickte ihr in der
ersten Aufwallung einen Scheidbrief. In der
bittersten Betrübnis ihres Herzens, muste die treue
Gattin von fünf zarten rührenden Geschöpfen, und
besonders von dem kleinsten Säugling, der noch
in der Wiege lag, sich wegführen lassen. Kaum
war sie in ihr väterliches Haus zurück gekommen,
als sie von den Angesehensten aus der Nachbar=
schaft zur Ehe begehrt wurde. Ihr Bruder, der
Begh Pintorovick schloß den Contract mit dem
Cadi oder Befehlshaber von Imoski; ohngeach=
tet der Bitten seiner untröstlichen Schwester, die
noch immer ihren verlohrnen Gatten und ihre
Kinder von ganzem Herzen liebte. Der Suaten
Zug, der sie nach Imoski bringen sollte, mußte

vor dem Hause des aufgebrachten Asans vorüber=
kommen, der indessen von seinen Wunden geheilt,
wieder nach Haus gezogen, und von Reue über
seine Scheidung durchdrungen war. Weil er ihr
Herz vollkommen kannte, so schickte er zwey von
seinen Kindern ihr entgegen, denen sie Geschenke
machte, die sie schon dazu bereit gehalten hatte.
Auf einmal ließ er sie auch seine Stimme hören,
rief seine Kinder zu sich zurück, und beklagte sich,
daß das Herz ihrer Mutter gefühllos sey. Dieser
Verweis, die Trennung von ihren Kindern, der
Verlust eines Mannes, den sie auch in ihrem
Unglück noch wie zuvor liebte, verursachten eine
so starke Revolution in der jungen Braut, daß sie
plötzlich, ohne ein Wort hervor zu bringen, todt
zur Erde nieder fiel.

XALOSTNA PIESANZA

PLEMENITE

ASAN - AGHINIZE.

Seto fe bjeli u gorje zelenoj?
Al-fu fnjezi, al-fu Labutove?
Da-fu fnjezi vech-bi okopnuli;
Labutove vech - bi poletjeli.
Ni-fu fnjezi, nit fu Labutove;
Nego fciator Ághie Afan-Aghe.
Ou bolu - je u ranami gliutimi.
Oblaziga mater, i feftriza;
A Gliubovza od ftida ne mogla.

Kadli - mu - je ranam' boglie bilo,
Ter poruça vjernoi Gliubi fvojoj:
Ne çekai - me u dvoru bjelomu,

Klag-Gesang

von

der edlen Braut

des Asan Aga.

Was ist im grünen Wald dort jene Weisse?
Schnee? oder Schwäne? Sey es Schnee: er
müßte
Geschmolzen endlich seyn, und Schwäne wären
Davon geflogen. Weder Schnee noch Schwäne,
Es sind die Zelten Asans, unsers Herzogs.
Verwundet ächzt er drinnen; ihn zu sehen
Kömmt zu ihm seine Mutter seine Schwester;
Die Gattin säumt aus Schaam zu ihm zu
kommen.

Als er zuletzt die Pein von seinen Wunden
Gelindert fühlte ließ er seiner treuen
Gemahlin künden: „Harr' auf mich nicht länger

Ni u dvoru, ni u rodu momu.
Kad Kaduna rjeci razumjela,
Jofc - je jadna u toj misli ftala.
Jeka ftade kogna oko dvora:
I pobjexe Afan - Aghiniza
Da vrât lomi kule niz penxere.
Za gnom terçu dve chiere dje voike:
Vrati - nam - fe, mila majko nafcia;
Ni - je ovo babo Afan - Ago,
Vech daixa Pintorovich Bexe.

I vrâtife Afan Aghiniza,
Ter fe vjefcia bratu oko vrâta.
Da! moj brate, velike framote!
Gdi - me faglie od petero dize!
Bexe muçì: ne govori nifta
Vech - fe mâfcia u xepe fvione,
I vadi - gnoj Kgnigu oprofchienja,
Da uzimglie pod punno viençanje,
Da gre s' gnime majci u Zatraghe.
Kad Kaduna Kgnigu prouçila,

„ In meinem weiſſen Hofe, noch bey meinen
„ Verwandten! „ als das harte Wort die treue
Gemahl vernommen, ſtand ſie ſtarr und ſchmerz-
voll.
Schon hört ſie um des Gatten Burg den Huf-
ſchlag
Von Roſſen ſchallen, ſpringt verzweifelnd
Den Thurm hinauf, und will vom Fenſter ſtür-
zend
Dem Tod ſich geben. Aber ängſtlich folgten
Zwo zarte Töchter ihrer raſchen Mutter
Und riefen weinend: Mutter, liebe Mutter!
Ach, fliehe nicht! Es ſind nicht unſers Vaters
Nicht Aſans Roſſe; komm zurück, dein Bruder
Der Erbe des Pintoro wartet deiner.

Die Gattin Aſans kömmt zurück und windet
Die Arme um den Hals von ihrem Bruder:
„ O Bruder, ſieh die Schande deiner Schweſter!
„ Mich zu verſtoſſen, mich, die arme Mutter
„ Von fünf Unglücklichen! „ Er ſchweigt und
ziehet
Hervor von rother Seide aus der Taſche
Den Freyheitsbrief, der ihr das Recht ertheilet,
In ihrem mütterlichen Hauſe wieder
Zurückgekehrt, ein neues Ehebündnis
Zu knüpfen. Als die bange Fürſtin ſahe

Dva - je sina u celo gliubila,
A due chiere u rumena liza:
A s'malahnim u beſicje ſinkom
Odjetiti nikako ne mogla.
Vech - je brataz za ruke uzeo,
I jedva - je ſin - kom raztavio:
Ter - je mechie K'ſebi na Kogniza,
S'gnome grede u dvoru bjelomu,

U rodu - je malo vrjeme ſtàla,
Malo vrjeme, ne nedjeglie dana,
Dobra Kado, i od roda clobra,
Dobra Kadu profe ſa ſvi ſtrana;
Da majvechie Imoski Kadia.
Kaduna - ſe bratu ſvomu moli:
Aj, taxo te ne xelila, bratzo!
Ne moi mene davat za nikoga,
Da ne puza jadno ſerze moje
Gledajuchi Sirotize ſvoje.

Ali Bexe ne hajaſce niſta,
Vech - gnu daje Imoskumu Kadii.
Sok Kaduna bratu - ſe mogliaſce,
Da gnoi piſce liſtak bjele Knighe
Da - je ſaglie Imoskumu Kadii.

Das traur'ge Blatt, so küßte sie die Stirne
Von ihren beyden Söhnlein und von ihren
Zwo'n Töchterchen die zarten Rosenwangen;
Ach, aber von dem Säugling in der Wiege
Vermag die Arme nicht sich loszureissen.
Er reißt sie los der unbarmherz'ge Bruder,
Hebt sie zu sich aufs Roß, und kehret eilig
Mit ihr zurück zur väterlichen Wohnung.

Nach kurzer Zeit, es waren sieben Tage
Noch nicht verflossen, als von allen Seiten
Schön und erhabner Herkunft, zur Gemahlin
Das schöne Fräulein schon erkieset wurde.
Der edlen Freyer war der angeseh'nste
Der Cadi von Imoßky. Aber weinend
Bat sie den Bruder: „Ach! bey deinem Leben
„Beschwör' ich dich, du mein geliebter Bruder!
„Mich keinem andern mehr zur Frau zu geben.
„Damit das Wiedersehen meiner lieben
„Verlaßnen Kinder mir das Herz nicht breche!„

Er achtet ihre Reden nichts, entschlossen
Die Schwester dem Cadi zur Frau zu geben.
Sie fleht aufs neu: Ach, bist du unerbittlich,
So wollest dem Cadi zum mindsten senden
Ein weißes Blatt: „Dich grüßt die junge
                                    Wittib,

„ Djevoika te ljepo pozdravgliafce,
„ A u Kgnizi ljepo te mogliafce,
„ Kad pokupifc Gofpodu Svatove
„ Dugh ,podkliuvaʒ nofi na djevoiku;
„ Kadà bude Aghi mimo dvora
„ Neg - ne vidi firotize fvoje. „
Kad Kadii bjela Kniga doge
Gofpodu - je Svate pokupio.
Svate kuppi grede po djevoiku.
Dobro Svati dosli clo djevoike,
I Zdravo - fe povratili s'gnome.

A kad bili Aghi mimo dvora,
Dve - je chierze s'penxere gledaju,
A dva sina prid - gnu izhogiaju,
Tere fvojoi majqi govonaju.
Vrati - nam - fe, mila majko nafcia,
Da mi tebe uxinati damo.
Kad to qula Afan - Aghiniza,
Starifcini Svatov govorila:
Bogom, brate Svatov Starifcina,
Uftavimi Kogne uza dvora,
Da davu jem Sirotize moje.
Uftavife Kogne uza dvora.
Svoju dizu ljepo darovala.
Svakom' finku nozve pozlachene,

„ Und

„ Und will durch dieses Blatt, wenn dich die
Suaten

„ Zu ihr begleiten, einen langen Schleyer,

„ Dich bitten, ihr zu reichen, daß in diesen,

„ Wann Asans Wohnung sie vorüber komme,

„ Vom Haupt zu'n Füssen sie sich hüllen könne,

„ Um ihre lieben, ach! verlaßnen Kinder

„ Nicht sehn zu müssen!„ Der Cadi bedugte
Das Schreiben kaum, als er die Suaten sam=
melt,
Und seiner schönen Braut entgegen eilet,
Den langen Schleyer, den sie heischte, tragend.

Zum Haus der jungen Fürstin kamen glücklich
Die Suaten, und von ihrem Hause kehrten
Mit ihr sie glücklich wieder; Aber näher
Als Asans Wohnung sie gekommen waren,
So sahn vom Erker ihre liebe Mutter
Die zarten Töchter und die jungen Söhne,
Und eilten zu ihr: „ Liebe, liebe Mutter!
„ Komm wieder zu uns, komm in deiner Halle
„ Mit uns das Abendbrod zu essen!„ Seufzend,
Als sie das Sprechen ihrer Kinder hörte,
Wandt' sich des Herzog Asans bange Gattin
Zum ersten von den Suaten: „ O mein alter
„ Geliebter Bruder, laß vor diesem Hause
„ Die Rosse harren, daß ich diesen Waysen,

G

Svakoi chieri çohu da pogliane;
A malomu u beficje fin ku
Gnemu faglie uboske hagline.

*

A to gleda Junak Afan-Ago;
Ter dozivglie do dva sina fvoja:
Hodte amo, Sirotize moje,
Kad-fe nechie milovati na vas
Majko vafcia, Serza argiaskoga.
Kad to çula Afan Aghiniza,
Bjelim liçem u Zemgliu udarila;
U pût-fe-je s'dufcjom raztavila
Od xalofti gledajuçh Sirota.

„ Den Kindern meines Busens noch ein Zeichen
„ Der Liebe geben kann! „ Die Rosse harrten
An Asans traur'gem Haus, und abgestiegen
Vom Roß gab sie den Kindern ihres Busens
Geschenke: gab mit Gold beblümte schöne
Halbstiefel beyden Söhnlein, und den Töchtern
Zwey Kleider, die von Kopf zu Fuß sie deckten;
Dem Säugling aber, welcher in der Wiege
Noch hülflos lag, dem schickte sie ein Röcklein.

Der Vater, alles in der Ferne sehend,
Rief seinen Kindern: „ Liebe Kleine, kehret
„ Zu mir zurück! der fühllos wordnen Mutter
„ Verschloßne Brust von Eisen, weiß von keinem
„ Mitleiden mehr. „ Die jammervolle Gattin
Hört Asans Wort, und stürzt, mit blassem Antlitz
Die Erde schütternd, und die bange Seele
Entfloh dem bangen Busen, als, die Arme!
Sie ihre Kinder sah von ihr entfliehen.

Innhalt.

J.Wocher del.

www.ingramcontent.com/pod-product-compliance
Lightning Source LLC
Chambersburg PA
CBHW030540270326
41927CB00008B/1458